인생 2막을 위한 상가 투자와 창업

인생 2막을 위한
상가 투자와 창업

박균우 지음

한국경제신문i

프롤로그

나는 IMF가 우리 사회를 강타하던 1999년부터 현장 상권 분석과 조사 업무를 22년째 하고 있다. 주요 컨설팅 업무 영역은 첫째, 기업과 금융기관의 본·지점 개설과 이전 시 상권 분석, 둘째, 병의원, 치과, 한의원 개원 시 후보지 입지 조사, 셋째, 상가 시행사의 상권 조사와 MD 구성, 넷째, 상가 투자자를 대상으로 한 상권 분석과 소상공인들에 대한 컨설팅을 전문으로 하고 있다.

2020년 우리 사회를 덮친 코로나19는 우리 생활과 상권의 많은 부분을 변화시키고 있다. 상가 공급자인 시행사, 임대인, 부동산 중개업소 중심에서 사용자인 임차인과 소비자 중심 시장으로 빠르게 변하고 있다. 이제 상가 투자는 수학적 수익률 게임에서 우량한 임차인을 입점시켜서 얼마나 오랫동안 안정성을 유지할 수 있을지가 중요해졌다. 이에 따라 상가 MD와 우량 임차인 선택은 무엇보다 중요해졌다. 또한 창업자 역시 '대박'의 환상보다는 롱런할 수 있는 안정적인 상권과 상가를 선택하는 것이 중요해졌다.

오랫동안 상권 현장에서 컨설팅을 하는 동안 직장인, 주부, 퇴직자들의 상가 투자와 창업 과정에서 성공보다는 실패의 눈물을 더 많이 보았다. 이 책은 나의 22년 상권 분석 경험을 바탕으로 직장인, 주부, 퇴직자들의 상가 투자와 창업 및 부동산 중개업소, 상가 시행사, 분양사 직원들의 상가와 상권 이해에 도움을 주기 위해 썼다.

이제까지 20년 이상 현장의 상권 분석을 하면서 컨설팅 능력을 축적할 수 있었던 것은 400회 이상에 달하는 전국 지역금융기관의 컨설팅 경험이 가장 큰 바탕이 되었다. 처음 인연을 맺은 이희용 신협중앙회 전 관리이사님, 그리고 15년 전 처음 컨설팅 인연으로 이 책의 추천사를 써주신 성남 주민신협 이현배 이사장님, 이제까지 내가 컨설팅을 맡았던 지역은행 모든 실무 책임자분들께 감사드린다.

또한 컨설팅과 강의로 인연이 되었던 모든 기업, 소상공인, 기관의 실무자분들과 '현장 상권 연구회'를 3년째 함께 운영하면서 많은 힘이 된 K 외식기업 문일 부장, 그리고 현장 상권 투어에 꾸준히 참여해주신 회원분들께도 감사드린다. 마지막으로 상권 현장 컨설팅을 20여 년 하는 동안 많은 굴곡이 있었지만 잘 참아준 아내와 아이들에게도 감사를 전한다.

2020년 8월 장마의 중간에서
박균우

차례

대한민국 상권과 상가의 현재

코로나19 이후 상권과 상가 트렌드 변화

현장 상가와 상권의 이해

상권과 상가의 사례

대한민국 상권과
상가의 현재

어느 날 닥친 코로나19와
상권 현장에서의 20년

나는 IMF 후유증이 한창이던 1999년도부터 현장 상권 조사와 분석 컨설팅을 주 업무로 시작했으니, 이 일을 선택한 지 올해로 22년째다. 당시 컨설팅이란 업무도 생소하던 시기에 IMF 이전에 했던 사업 경험을 살려서 자영업자를 대상으로 사업컨설팅을 소규모로 시작하게 되었다. 지금도 컨설팅은 돈 내고 받지 않는다고 생각하는 분들이 많지만, 당시는 더욱 어려웠던 시기다. 초기 상권 분석 컨설팅은 우연치 않게 연결되었던 지역은행의 지점 개설 관련 상권 분석 컨설팅을 맡으면서 시작했고, 지금까지 전국 지역은행 상권 조사 컨설팅만 약 400회 이상 진행했다. 이 덕분에 컨설팅을 했던 지역의 세부 조사 자료로 인해 지역에 계시는 분들보다 상권 현황을 더 익숙하게 알게 된 것은 그 후로 내 컨설팅에 큰 힘이 되었다. 이후 기업의 지점개설, 개인 창업자 및 경쟁이 치열해지고 있는 병원, 치과, 한의원 예비 원장님을 대상으로 한 개원 상권과 입지 컨설팅, 상가 시행사, 상가 투자자들에게 상권에 대한 자문을 해오고 있다.

2014년부터는 프랜차이즈업체의 실무자, 상가 투자자, 개원의를 대상으로 정기적으로 상권 세미나와 상권 투어를 진행하고 있다. 개인, 기업의 상권 조사 의뢰는 100% 그들의 비용으로 진행하기 때문에 의뢰인 부담이 크지 않은 정부 지원의 상권 조사와는 차원이 다를 수밖에 없다. 돌이켜보면 나의 컨설팅 결과로 성공한 곳도 있고, 잘못된 투자를 막을 수 있었던 곳도 있지만, 아쉽게 판단 착오로 불가피하게 피해를 본 분들에게는 미안한 마음을 가지고 있다. 어찌 되었던 20년 이상 이 일을 해오고 있는 것은 큰 과오 없이, 의뢰인의 입장에서 컨설팅하려고 했던 것이 신뢰를 주었기 때문이라고 생각한다.

이 책은 22년 동안 상권 현장에서 경험했던 이야기를 직장인, 주부, 퇴직자들의 인생 후반전 상가 투자와 창업자들을 위한 상가와 상권의 개념을 잡는 데 도움을 드리기 위해서 쓰게 되었다. 책 집필을 마무리한 시점이 올해 2월 말쯤이었다. 2019년 중국에서 발생한 코로나19가 올해 1월 국내에서도 첫 확진자가 나온 뒤, 급속도로 퍼져나갔다. 3월 12일 WHO에서 전염병의 대유행을 의미하는 '팬데믹'을 선언한 뒤로는 전 세계가 대혼란에 빠져들었다. 코로나19는 백신과 치료제가 없는 상황에서 초연결 글로벌 네트워크를 따라서 빠르게 확산되었고, 수백만 명의 확진자와 무수한 사망자를 낳고 있다. 이로 인해서 글로벌 네트워크는 국경 봉쇄에 따라 각자도생의 상황에서 초연결사회가 한순간 멈췄다.

전염병으로 인해 KF-94 마스크를 포함한 검체 체취를 위한 면봉, 진단키트 등 방역 장비가 국가의 핵심 전략물자가 되었다. 경제에 있어서는 팬데믹 선언 이후 한 달여 만에 글로벌 공급시장인 중국이 멈췄고, 세계 소비시장의 60%를 담당했던 미국과 EU 시장도 문을 닫았다. 글로벌 확장 경제에서 자국 중심의 각자도생의 경제 현실이 불과 몇 개월 만에 우리에게 닥친 것이다. 코로나19로 인한 변화가 이미 우리 사회를 코로나 이전과 이후 세계로 분류할 것이라는 많은 전문가의 진단을 굳이 언급하지 않더라도, 우리는 이미 과거와 같은 상황으로 돌아가기 어렵다는 것을 알고 있다.

코로나 이후 상가와 상권 변화를 검토하는 과정에서 책의 마무리가 많이 늦어졌다. 이 책의 앞부분은 코로나19 상황에 직면한 우리 상권과 상가를 어떤 시각에서 접근해야 하는지 살펴보고, 현장 상권과 상가에 대한 이야기를 순서대로 풀어내려고 한다.

코로나19가 바꾼 재택근무 환경,
무엇이 달라질까?

코로나19 이후 오피스가가 밀집된 초거대 빌딩 내에 확진자가 나오면서 건물은 봉쇄되고 기업은 자구책으로 재택근무를 채택했다. 이전부터 이미 우리 IT환경은 기업의 재택근무 환경이 충족이 되어 있었지만, 기업 업무 환경이 개인의 성과 중심이 아니라 팀과 집단별 성과를 내는 시스템이다 보니 기업에서도 재택근무 환경의 효율성에 대한 확신을 하지 못해서 채택하지 못하고 있었다. 그러나 코로나19라는 전염병이 만들어낸 환경은 강제적으로 우리 기업들이 재택근무를 채택할 수밖에 없도록 만들었다. 이로 인해 기업들은 재택근무 환경에 맞게 업무시스템을 구축해 사내 클라우드, T전화, 화상회의, 사내 메신저 환경, 온라인 출퇴근 인증과 같은 스마트워크에 적합하도록 업무 환경 정비를 끝마쳤다. 이제는 코로나19가 끝나더라도 업무 환경은 다시 예전으로 똑같이 돌아갈 수는 없을 것이다.

앞으로 직장인들이 어떤 환경에서 일하게 될지 예측할 수만 있다면 이들이 이용하게 될 소비 상권의 변화도 예측하기가 좀 더 쉬울지 모른다. 분명한 것은 이제까지 기업에서는 재택근무 환경에서 기업이 성과를 어떻게 낼 수 있을 것인지 확신이 들지 않아 적극적으로 도입하지 못했지만, 코로나19가 가져다준 재택근무이기는 하나 기업 성과에 별문제가 없고, 오히려 경비는 절감되었다면 이전 업무 환경으로는 결코 돌아가지 않을 것이라는 사실이다. 그렇다면 만약 재택근무가 일반화되었을 경우, 우리 기업의 경제 활동과 생활 패턴에는 어떤 변화가 오고, 오피스 및 생활 상권에는 어떤 변화가 있을지 지금부터 예상해보자.

다양한 업무 형태의 도입

재택근무 환경에서도 업무 효율성에서 별 차이가 없음을 확인한 기업은 코로나19 이후에도 업무 환경을 과거로 돌리기보다는 재택근무를 기업의 보편적인 근무 형태로 받아들이게 될 가능성이 높다. 이미 코로나19가 장기화되면서 기업은 재택근무를 보편적 근무 형태로 받아들이기 시작했다. 이렇게 될 경우 기업은 다음의 두 가지의 근무 형태를 혼용할 것이다.

재택근무와 유연근무제의 혼용

일반적인 직장인의 출퇴근 시간을 고수하는 곳도 있겠지만, 상당수 기업은 일부 근무자의 출퇴근 시간을 따로 두지 않고, 업무 필요에 따라서 출퇴근 시간의 선택 자유와 주중 일정한 요일은 재택근무 환경에서 업무를 할 수 있도록 하는 유연한 근무 환경을 적극 도입할 것으로 보인다.

계약직과 프리랜서 직원 채용

재택근무의 일반화는 기업에서도 고용의 지속성이 보장되는 정규직보다는 프로젝트나 업무 성격에 따라서 해당 업무의 경력 계약직이나 프리랜서 직원의 채용 비중을 높일 가능성이 커졌다. 이 경우, 사무실의 상시 근무자 숫자 감소뿐만 아니라 신규 채용의 감소로 인해서 20~30대 사회 초년생들의 극심한 구직난은 피할 수 없게 될 것이다.

업무 형태의 변화로 인한 상권 변화

재택근무와 유연근무제 확대는 결국 오피스 상권에서 소비를 할 직장인의 감소를 의미한다. 결국 재택근무와 유연근무제 확대는 곧 9시 출근, 6시 퇴근의 문화가 의미 없어진다는 것이고, 이는 12시 점심, 7시 저녁 모임이나 회식도 붕괴된다는 의미다. 이러한 변화는 오피스가 주변의 음식점들이 현재보다 더욱 악조건의 영업 환경을 견뎌낼 수밖에 없는 환경에 봉착할 것으로 예상된다. 저녁 회식과 모임은 더욱 가파르게 감소하고, 상가에서 고객의 마지막 방문은 더욱 짧아질 것이다. 결국 오피스가 음식점들은 낮 시간 기업 회식과 모임 유치, 회사 내 단체 배달, 밀키트, 테이크아웃 포장 판매의 비중을 높이는 전략을 구사해야 한다.

오피스가 직장인들의 감소와 근무 시간이 불규칙할 경우 대표적으로 피해를 볼 수 있는 음식점 외에도 오피스가의 지원 업종과 자기개발 학원, 미용실 등 서비스 업종과 전문 과목 메디컬 등도 피해가 예상된다. 결국 이들의 돌파구는 예약제가 되겠지만, 근무 시간이 불규칙한 직장이 많을 경우 고객(또는 환자)의 감소는 피할 수 없다. 또한 예약제를 유지하기 위해서는 광고와 홍보에서 높은 비용이 발생하기 때문에 수지 타산이 맞지 않을 가능성이 있다. 결국 높은 임대료와 인건비, 상권 내 경쟁이 더욱 치열해지면서 이전을 결정할 수밖에 없다.

오피스의 공실 증가

업무 환경의 변화로 수반되는 것은 다음의 두 가지로 요약할 수 있다.

기업의 오피스 공간 축소

코로나19 이후 사무실 내 근무자의 개별 업무 공간은 옆 사람과 충분히 거리를 확보하는 형태로 가겠지만, 결국 전체 공간은 축소하는 방향으로 갈 것이다. 이것은 공간 축소와 함께 기업의 오피스 공간 전체를 비용 절감할 수 있는 상권으로 이전하는 것을 의미한다. 여기에는 코로나19 이후 혼잡한 도심보다는 그린환경을 찾아서 탈도심을 하는 기업들도 늘어날 것임을 의미한다.

소규모 사무실의 프리랜서나 소기업들의 재택이나 탈도심 증가

기업과 직장인들을 상대로 업무를 해왔던 대기업 인근의 소규모 사무실의 프리랜서나 소기업들은 더 이상 고비용 오피스 임대료를 지불하지 않고 재택이나 탈도심이 증가할 것으로 보인다. 이것은 곧 도심의 소규모 오피스들의 공실로 연결된다.

앞서의 두 가지 가능성 모두 오피스 상권의 변화 가능성을 내포하고 있기 때문에, 오피스와 상가에 투자한 분들, 또는 오피스 상권 자영업자 모두 공실에 대비해야 한다.

코로나19 이후 상가 시장은?

상가, 이제는 공급자에서 사용자 중심의 시장

최근 2~3년 사이 자영업 시장에서의 논쟁은 '소득 주도 성장으로 인한 최저임금의 급격한 상승으로 경쟁력이 악화되었는가?' 아니면 '임대료 폭등으로 인해서 자영업 경쟁력이 약화되었는가?', 이 둘의 싸움이었다. 우리나라 최저임금은 2017년 시간당 6,470원에서 2020년 8,590원으로 32.7% 인상되었다. 코로나19가 시장에 영향을 미치기 이전인 2020년 초반까지 저금리로 인해서 뚜렷한 투자처를 찾지 못한 자금들이 서울을 비롯한 수도권의 상가건물로 몰리면서 지역에 따라서는 5년 사이 2배 이상 오른 곳도 있었다.

최저임금은 전체 지역과 상권, 업종을 막론하고 영향을 미친다는 속성이 있다. 반면 임대료의 경우 A급 상권, A급 입지를 중심으로 영향을 미치는 속성이 있고, 상가 속성의 경우 매매가 빈번히 반복되었던 지역일수록 임대료는 투자자의 기대 수익률에 맞춰서 급격히 상승해 자영업 문제의 핵심은 임대료라는 이야기가 나오게 되었다. 어쨌든 자영업의 어려움에 대한 이러한 논쟁은 특히 지난 3년간 '최저임금의 급격한 상승이 문제인가?' 아니면 '임대료의 급격한 인상이 문제인가?'로 반복되어왔다.

지금 우리는 듣지도 보지도 못했던 '코로나19'라는 전염병으로 인해 사회·경제적 어려움에 직면해 있다. 부동산 전문가들은 공통적으로 수익성 상가 시장에서도 앞으로 경매물건이 쏟아질 것이라고 전망하고 있다. 또한 일부 부동산 전문가들은 시장에 풀린 엄청난 유동자금으로 인해서 팬데믹 상황에서 일정 기간 상업용 건물은 조정기를 거쳐서 역세권과 A급 상권의 상가들은 수익률 상승과 매매가 상승으로 시세차익을 얻을 수 있을 것이라고 이야기한다. 특히 이런 상가를 선택해 스타벅스와 같은 특정 브랜드 입점을 성공시킨다면 시세 상승은 더욱 가팔라질 것이라고 부동산 전문가들은 전망한다. 그러나 스타벅스의 경우, 높은 임대료의 도심 점포 출점보다는 드라이브스루형 매장에 집중하고 있다는 것을 알아야 한다. 이미 임대료가 잘 나오는 브랜드들 상당수도 점포들의 매출 감소로 구조조정에 들어갔고, 도심 점포의 계약 기간은 더욱 짧아져서 한 번 입주했다 하더라도 언제든지 수익이 나지 않으면 중도해지를 하고 철수한다는 사실도 알아야 한다.

코로나19는 우리 경제를 확장 경제에서 축소 경제로 바꿔놓았고, 상가 시장도 예외는 아니다. 재택근무의 증가로 인한 오피스가의 공실률 증가와 여기에 상가 투자자에게 월급(임대료)을 지급하는 임차인인 자영업의 시장은 전례 없는 강제 구조조정을 맞고 있다. 매출액 감소, 코로나19로 인한 업태 변화로 인해 아예 시장에서 사라지는 업종이 나타날 정도이므로 공실률은 앞으로 더욱 가파르게 증가할 것이다.

그러나 축소 경제 시대에서 상가를 소유한 건물주와 투자를 준비하는 상가 투자자, 이를 중개하는 부동산 중개업자의 시각은 별로 바뀐 것 같지 않다. 즉, 얼마에 상가를 매수해서 최대 얼마의 임대료를 받을 수 있을 것인지 투자 수익률에 대해서만 관심이 있고, 어떤 임차인이 입주했을 때 상가의 가치가 올라가고 오랫동안 안정적인 수익률을 유지할 수 있을 것인지에 대한 관심은 높지 않다. 이런 시각은 이제까지 우리 상가 시장에서 공급자인 시행사, 분양사와 중개업자 중심으로 상가의 가격과 임대료가 결정된 것이 원인이다.

나는 상가 중개업자도 아니고 상가 투자자도 아닌, 창업자와 상가 투자자들을 대상으로 하는 상권 분석 전문가다. 얼마 전 이름난 ○○상권에서 통건물을 매수한 상가 투자자에게 해당 상권에 대한 상권 분석 조언을 한 적이 있다. 이 상가 건물 1층에 불과 전용 30평 남짓한 상가에 억지로 수익률을 맞춘다고 건물을 중개했던 중개업소에서 고깃집으로 월세 900만 원이 가능할 것이라고 브리핑을 했다고 한다. 식음료 업계의 통상 임대료 포지션을 매출액에서 임대료가 차지하는 비중이 10% 남짓임을 감안할 때 비교적 매출이 높은 고깃집이라도 전용 30평 정도라면 테이블 12~13개, 테이블 평균 단가가 6만 원 전후라면 4회전 이상을 해야 한다는 이야기다. 그런데 점점 짧아지는 야간 영업시간을 감안하면 아무리 좋은 상권이라도 불가능한 매출이다. 나는 이 부분을 설명해주고, 현실적인 임대료를 다시 조정해 수익률을 낮추라고 조언했다.

코로나19가 본격적으로 상권에 영향을 미칠 때, 과거 상권 분석 자문을 하면서 인연이 되었던 몇 명의 건물주에게 임대료를 조정해 임차인이 버틸 수 있게 해주라고 조언했다. 그중 한 분은 30%로 3개월, 한 분은 50%로 무려 6개월을 감액해줬다. 두 분의 상가 모두 서울에 위치하면서 코로나 중에도 선전했던 상권임을 감안하면 쉽지 않은 결정이다.

상가의 경우 임대료를 내리면 수익률 하락으로 인해 건물 가격이 동반 하락되고, 자산 감소로 이어지는 속성을 가졌기 때문에 일시적이라도 임대료를 인하하기가 어렵다. 그러나 상가 투자자들이 알아야 할 것은 상가의 공급이 넘치는 시대에는 한 번 공실이 나면 채우기 어렵기 때문에 공실 없이 유지할 수 있는 안정성을 기반으로 하는 것이 최선이라는 점이다. 지금은 상가 투자자로서는 대출 금리를 내고, 안정적인 월 임대료를 받을 수 있다면 그것만큼 좋은 선택이 없다.

어쨌든 월세 인하를 결정한 건물주 중 한 분은 상가 건물에 오랫동안 공실로 있던 호실을 코로나가 한창 진행 중이던 4월에 건물주가 스스로 임대료를 인하한 착한 건물주라는 부동산 중개업소의 설명 덕분에 쉽게 임차인을 맞출 수 있는 성과를 냈다.

축소 경제 시대에 건물주나 상가 투자를 준비하는 상가 투자자들이 앞으로 분명히 인식해야 할 것이 있다. 이제는 건물주가 갑인 시대는 지났다. 이제는 임차인이 갑인 시대로 바뀌었다. 그것도 똑똑한 임차인을 유치해, 그 영향이 상가 전체에 미쳐서 공실 없이 전체 상가를 안정적으로 운영할 수 있는지에 대한 검토가 필요하다. 이를 위해서는 소유한 상가 건물에 어떤 업종이 적합한지, 이제는 갑이 된 임차인의 업종에 얼마의 임대료를 받는 것이 그들을 행복하게 할지 고민해야 한다. 코로나19 이후 똑똑한 건물주라면 상가 임대료는 과거처럼 공급자인 부동산 중개업자와 건물주가 일방적으로 결정하는 것이 아니라, 상가를 사용하게 될 임차인들이 이해할 수 있는 합리적 수준의 바탕에서 결정되어야 한다는 인식이 필요하다.

코로나19 이후, 구분상가 가치평가 기준

직장인, 주부, 퇴직자들이 가장 선호하는 수익성 상가는 종자돈을 모아서 통상가보다 상대적으로 적은 금액으로 투자하기 용이한 구분상가다. 그렇지만 코로나19로 인해서 구분상가의 옥석 가리기가 시작되면서 기존의 시장에서 평가하던 가치 기준은 달라져야 할 것이다.

신규 분양 구분상가의 가치를 평가하는 감정평가사들의 평가 기준은 다음과 같이 크게 3가지 기준으로 나뉜다.

① 구분소유 대상이 되는 건물 부분과 대지소유권을 일체로 해 유사 사례를 비교해 가치 평가를 하는 거래사례비교법이다. 즉, 주변 동일 유사 상권 분양과 매매 거래사례를 비교해서 평가하는 방법인데, 결국 A상가의 ○○호를 얼마에 분양했으니 동일 상권에 유

사 선택의 상가가 있다면 선택한 특정 호수도 비슷할 것이라고 평가하는 방법이다.

② 원가법에 의한 평가로 토지는 공시지가를 기준으로 평가하고, 건물 부분에서 건축 원가를 구한 뒤 이를 각 구분상가 호수별로 배분하는 방법이다.

③ 수익환원법에 의한 계산으로 해당 상가를 장래에 활용할 때 발생할 수 있는 수익을 적정 이율로 계산해 수익을 계산하는 방법이다. 이는 주변 조사를 통해 현재 및 미래 임대 시세를 수익률로 계산하는 방법을 말한다.

부동산 감정을 하는 감정평가사들은 평가사의 주관적인 판단을 배제하고, 기계적인 평가를 하는 것이 최상의 평가다. 특히 이런 평가는 금융기관 대출 적용 시에 주관적인 평가를 배제해야 하지만, 대출 의뢰인이나 금융기관 모두 감정평가에서 최상의 가격으로 평가받기를 원한다. 대출 의뢰인은 최상의 대출을 받고 싶고, 금융기관은 대출 금액이 높을 때 이자수입이 높아지기 때문이다. 그러나 기계적인 평가가 가장 정확할 것 같지만, 가치 반영의 정확성이 높다고만은 할 수 없다. 상가 공급의 과잉으로 인한 공실률 증가와 함께 본격적인 주 52시간 근무, 지속된 최저임금의 급격한 인상으로 인해 어떤 시점에 가치를 평가하느냐에 따라서 상가 가치가 달라질 수 있기 때문이다. 또한 코로나19로 인한 팬데믹 상황은 공실률을 더욱 끌어올리게 될 것이다.

결국 이제까지 기계적 평가에 의지했던 감정평가 기관의 구분상가 가치평가법 자체가 부정될 위험성도 가지고 있다. 일반적으로 이용되는 거래사례비교법이나 수익환원법을 적용할 경우 시장에서는 할인판매와 분양이 일반화되고, 임대료의 수준도 어느 시점에 어떤 수준으로 임대료가 맞춰지느냐에 따라서 변할 수밖에 없는 것도 원인이다.

즉, 유사 상가의 A상가가 월 임대료 300만 원을 받았지만, 같은 상권의 공실률 증가로 평가 상가는 월 100만 원에 계약이 이루어질 수도 있고, 150만 원에 계약이 이루어질 수도 있기 때문이다. 더구나 동일상가의 경우 동일 층에서도 호수별로 어느 시점에 어떤 임차인을 만나느냐에 따라서도 이런 현상이 발생한다. 이것은 상가임대차보호법이 유지되는 한 10년간 계약갱신요구권이 살아 있고, 인상률이 정해진 상황이라면 월 300만 원 상가의 가치는 실현될 수 없기 때문이다.

결국, 수익성 상가의 선택에서 최상의 임대료를 확보하기 위해서는 선택 상가의 정확한 상권 분석을 통한 적정 업종과 그것에 맞는 임대료 수준을 아는 것이 무엇보다 중요해지고 있다. 코로나19로 인해 수익성 상가의 기계적인 평가는 더 이상 현실을 반영하기 어렵게 세상이 바뀌고 있기 때문이다.

그래도 건물주, 인컴 자산인 상가

몇 해 전 한 방송사에서 청소년들을 대상으로 한 장래희망 조사에서 1위가 공무원, 2위가 건물주(임대사업자)라는 결과가 있었다. 미래에 대한 불확실성으로 안정적인 공무원과 건물주가 되면 편하게 돈을 많이 벌 수 있다는 생각 때문이라고 한다. 이런 세태를 반영하듯, 2010년도 이후 세종시와 수도권 신도시, 지방 혁신도시에 아파트들이 건설되면서 함께 분양했던 상가들은 완공도 되기 전 조기 완판이 되는 모습을 어렵지 않게 볼 수 있었다. 이런 조기 완판에는 사회적으로 조기 명퇴로 인한 인생 2막의 불안감으로 제2의 월급통장을 찾아야 한다는 직장인, 주부, 퇴직자들의 절박감이 작용했기 때문이다. 물론, 저금리 기조로 마땅한 투자처를 찾지 못한 것도 상가 투자 붐에 일조했다. 그러나 2016년 이후 이들 상가 입주가 본격화되면서 고분양가에 과잉 공급된 상가들에서는 공실이 넘쳐나고 있다.

또한 과열된 부동산 경기를 안정화시키기 위해서 연이어 단행된 대출규제와 온라인시장의 확대로 인해 기존 로드숍이 침체되고, 정부의 정책적 지향점인 소득주도성장과 주 52시간 근무의 본격적인 추진으로 자영업이 침체되어 기존 임차인들도 월세를 내기 힘들어지면서 상가 시장은 위축되었다. 그렇지만 코로나 이후, 불안정한 직장으로 인한 인생 후반전의 안정적인 인컴 자산 확보라는 측면으로 보면 상업용 건물에 대한 관심은 여전히 높다.

또한, 제로 금리 시장과 빨라진 조기 은퇴, 코로나19 이후 경제가 안정화된다면 시중에 풀린 유동자금은 규제가 많은 주택보다는 상업용 건물에 몰릴 가능성이 여전히 높다. 투자자 관점에서 수익성 상가는 잘만 투자하면 안정적인 월 임대료가 보장되는 인컴 자산으로 인식되기 때문에 코로나19와 같은 시대에는 불안정한 수입을 대체할 수 있는 최고의 투자처로 인식되고 있다. 그러나 단순히 부동산 중개업소나 시행 분양사에서 언급하는 수익률을 기준으로 상가 투자를 결정해서는 안 된다.

상가 투자자들은 이제 부동산 중개업소나 시행 분양사에서 언급하는 수익률을 기준으로 할 것이 아니라, 상가를 취득하기 전 상권에 합당한 업종과 이 업종에 합당한 임대료를 기준으로 해서 적정한 상가 투자액을 결정해야 한다. 결국 투자와 수익을 본인이 설계하고 결정해야 한다는 것이다. 나는 그런 결정에 도움이 될 수 있도록, 선택한 상가를 어떻게 활용할 것인지를 중심으로 상권과 상가를 평가하는 안목을 키우는 것에 중점을 두고 이 책을 썼다.

그래도 인생 2막에서 새로운 월급통장은 상가만 한 것이 없기 때문이다.

코로나19 이후
상권과
상가 트렌드 변화

상권 업종의 트렌드 변화,
과거에서 지혜를 찾자

우리 상권은 업무용 오피스, 대형 유통쇼핑몰, 메디컬, 학원 등 다양성을 가지고 있지만, 700만 명에 해당하는 자영업자들이 상권의 절대다수 업종을 구성하고 있다. 코로나19로 인한 팬데믹 상황으로 상권에서도 새로운 변화가 요구된다. 코로나19 이후 상권에서 업종 트렌드 변화를 알기 위해서 과거 우리 상권의 변화를 되돌아보면, 앞으로 어떤 변화가 있을지 예측하기 조금 쉬워질 것이다. 과거 우리 상권에서 사라지거나 감소했던 업종들을 보면 모두 그 시대 상황의 경제 여건을 반영한 업종들이 많았다.

첫 번째로 A급 상권, 입지에 출점했지만 급격히 줄어든 업종을 보면, 과도한 인건비와 임대료에 비해서 객단가가 낮아서 수익률이 현저히 떨어진 업종들이 많았다. 그 대표적 예로 두 업종을 들자면, 아마도 김밥○○으로 시작하는 김밥 전문점과 남성미용실일 것이다.

먼저, 김밥○○을 살펴보자. 10년 전쯤 지역이나 거점 상권의 어디를 가도 A급 상권, 입지에는 10평 초반 대 점포에 가장 많았던 것이 바로 김밥○○으로 시작하는 김밥 프랜차이즈 점포였다. 김밥○○은 IMF를 지나고 2000년대를 넘어오면서, 다메뉴가 필요한 점포였음에도 안정된 본사물류시스템 덕분에 준비 없이 사회로 내몰린 경험 없던 퇴직자들이 출구로 선택하기 쉬웠던 업종이었다.

또한 여성 인건비에 절대적으로 의존했지만, IMF라는 시대 상황은 주부 취업자들의 취업이 쉬웠고, 이것은 유사 브랜드를 양산한 이유가 되기도 했다. 그러나 2010년대를 넘어오면서 높아진 인건비와 수직 상승하는 임대료로 인해서 더 이상 시중에 김밥○○으로 시작하는 브랜드를 찾기는 어렵게 되었다. 이를 대신해 2010년대 중반 프리미엄 김밥집이 등장해 3년 정도 인기를 끌었지만, 현재는 업체 간 특징이 없고, 역시 높아진 인건비와 임대료는 프랜차이즈 확장의 최대 걸림돌로 더 이상의 성장을 어렵게 만들었다.

인건비에 의존했던 업종 중 먹거리에서는 김밥○○이 있었다면, 서비스 업종에서는 남성미용실이 있었다. 상권 입지와 점포 면적도 김밥○○과 유사하지만, 음식업 창업에 부담을 느끼는 창업자를 대상으로 본사에서 미용사까지 공급한다는 것은 충분히 창업자들에게도 매력적이었다. 그러나 낮은 객단가와 점포 투자비용의 과다, 인건비의 상승으로 인한 미용사 이직률 상승으로 인해서 남성미용실 중 대표 프랜차이즈였던 ○○사는 700여 개 가맹점을 정점으로 현재 약 300개 남짓의 가맹점으로 감소했다. 더 이상 높은 인건비와 임대료로 인해 낮은 수익구조의 업종들은 수익을 내기 어렵다 보니 창업자들에게 어필하기 힘들고, 시장을 확장하기 어렵게 되었다.

 이처럼 과거 상권, 업종 트렌드가 임대료와 인건비에 영향을 받아 형성되었다면 코로나19는 분명 다른 양상으로 흘러갈 것이다. 불안정한 직장과 불규칙한 소득, 안전을 위한 자발적 자가격리족의 증가와 언택트 사회로의 진입, 디지털화된 사회로의 적응 등 코로나19는 많은 과제를 만들어냈다. 우리는 앞으로 변화된 사회와 환경에 적응할 수 있는 트렌드를 만들어내고, 생활해야 하는 상황이다. 이 장에서는 코로나 이후 어떤 변화가 있었고, 앞으로 어떻게 적응할 것인지 살펴보기로 한다.

중심 상업지역 상권과
상가의 변화

코로나19가 닥치면서 대한민국에서 가장 어려움을 겪고 있고, 이후에도 가장 큰 변화가 예고되는 곳이 중심 상업지역의 유흥가 상권일 것이다. 국내에 코로나19 대유행을 일으킨 대구 신천지 사태 이후 각각의 지방자치단체는 다중이용업소 중 밀폐된 공간에서 유흥을 즐기는 나이트클럽, 노래방, 단란주점, 마사지업소 등에 대해서 영업 중지 명령을 내렸다. 그런데 5월 연휴가 되면서 생활 방역이 선포되고, 이제까지 억눌려왔던 젊은이들이 한꺼번에 유흥가로 몰리면서 이태원 클럽과 홍대 주점, 노래방 등에서 감염자가 대거 발생하고, 이들이 다시 2, 3차 감염을 일으키면서 대한민국은 다시 혼란에 빠졌다. 학교는 개학이 연기되었고, 다중 유흥시설은 다시 문을 닫았다. 앞으로 이런 유흥 상권의 몰락으로 이들 업종이 집중된 중심 상업지역의 상권변화 또한 불가피할 것이다.

1990년대를 전후해 형성된 1기 신도시와 주변 수도권 배후도시의 상권은 주거지 중심부에 유흥 상업지역이 형성된 구조다. 대표적인 1기 신도시인 일산과 분당의 경우 3호선과 분당선 지하철 역세권을 따라서 형성된 중심 상업지역에는 유흥 상권이 혼재하고, 아파트 주거지는 인접해 무질서하게 배치되어 있다. 이와 같은 구조는 평촌, 중동, 산본 등도 크게 다르지 않고, 이후 수도권 배후 주거 도시인 광명, 안산 등 중심 상업지역 유흥 상권도 유사한 형태를 띄고 있다. 1층에는 1차에 해당하는 음식점, 술집이 들어가고, 2층은 2차인 호프주점, 3층과 지하는 3차 노래방, 바, 유흥주점이 들어가고, 4층이나 5층은 당구장, 안마시술소, 6층 이상은 일부지만 모텔이 들어가는 게 일반적인 상가 MD 구성 형태였다. 이런 형태의 상가는 유흥 오락의 활성화 시기에는 각층 업종들이 서로 야간 집객 상승효과를 일으켜서 중심 상권이 활성화되지만, 유흥오락 퇴조기에는 오히려 상가 전체를 침체시키는 특징을 지니고 있다.

이번 코로나19의 완전 종식까지는 시간이 더 걸릴 것이라는 전망이 나오고 있다. 유흥 상권 중 이태원과 같은 특수 상권은 클럽이 타격을 받았다 하더라도 대한민국 대표 상권이므로 전국에서 사람이 모여드는 곳으로 새로운 유흥 문화를 만들어낼 것이다. 그러나 대다수 신도시와 도시 지역 중심 상업지역 유흥 상가들은 변화가 불가피할 것이다. 과거 상권 선택에서 먹고, 마시고, 즐기는 유흥 상권이 좋은 상권이라는 시대는 이미 김영란법(부정청탁 및 금품 등 수수의 금지에 관한 법률)과 주52시간 근무제의 본격적인 시행으로 인한 접대와 회식문화의 실종으로 급속한 위축을 맞고 있었다. 여기에 코로나19의 여파가 더해지면서 앞으로 유흥 업종의 침체 내지 몰락은 더욱 심화될 것이다.

유흥 업종은 공실이 발생하면 초기 1~2년은 건물주들이 또 다른 유흥 업종으로 임대를 맞추려고 노력하겠지만 장기 공실은 불가피할 것이다. 주거지가 밀집된 도시 지역의 경우, 유흥 업종 대안으로 코로나19가 진정되면 근린생활 업종이나, 오락 관련 실내레포츠, 골프연습장, VR 관련방으로 변신을 시도할 것이다. 그러나 변신에 성공하는 곳은 소수일 것이고, 결국에는 새로운 대안을 모색해야 한다. 용도변경을 전제로 지역 여건이 좋을 경우 1인 주택, 오피스텔, 오피스로 용도변경이 시도되고 있지만, 건물주로서는 현저히 낮아진 수익률에 어떻게 적응할지가 관건이 될 것이다. 분명한 것은 중심 상업지역의 유흥 업종 위축으로 상권과 상가가 변하고 있다는 것을 받아들여야 한다는 사실이다. 따라서 유흥 업종 건물주로서는 상권 내에서 앞으로 유흥 이외에 선택할 수 있는 업종이 많지 않기 때문에 선제적으로 상권 적합 업종을 찾아서 변화를 시도하는 것이 숙제로 남았다.

비대면 의료 허용과
메디컬 상권 변화

메디컬(병의원, 한의원, 치과) 과목의 입점이 많은 상가는 로컬이나 거점 상권을 막론하고 강한 배후인구 집객력으로 상가 경쟁력이 높기 때문에 유치 경쟁이 더욱 치열해지고 있다. 코로나19로 인한 팬데믹 상황을 거치면서 의료진 감염으로 병원 폐쇄가 문제되면서 한시적이지만 비대면 화상 진료와 전화 처방이 가능하도록 허용되었다. 이제까지 우리 의료법은 의료인 간의 비대면 의료는 허용되었지만, 의료인과 환자 간의 비대면 의료 활동은 원칙적으로 금지해오고 있었다.

어느 날 갑자기 시작된 비대면 상황의 국가·사회 시스템이지만, 정부에서도 비대면 원격의료와 교육을 국가 전략산업으로 육성할 계획이라고 발표했다. 이제까지 비대면 원격의료는 정부 여당이 야당일 때, 의료 민영화로 흐를 가능성 때문에 반대해왔다. 대표적인 의사단체인 의사협회 또한 국민건강권을 이유로 반대하고 있고, 일부 병원과 스타

의사들로의 쏠림현상으로 개인 의원들의 경영난은 더욱 심화될 것으로 보고 있다. 그러나 코로나19로 인한 팬데믹 상황이 종식되지 않고, 백신과 치료제가 나온다 하더라도 수년 동안 반복적으로 전염병이 발생하는 엔데믹으로 흐를 것이라는 WHO의 경고뿐만이 아니라 당장 코로나19 2차 재확산에 대비해 의료체계를 정비해야 하는 상황이기 때문에 비대면 원격의료에 대한 국민 여론은 법 개정을 지지할 가능성이 높다. 대통령께서도 비대면 원격의료를 채택하겠다는 방침을 확고히 한 상태이므로 정부에서 의료법 개정에 나선다면 21대 국회에서 여당이 압도적인 다수를 차지한 상황에서 이 법안은 손쉽게 통과될 것이다. 물론 비대면 원격의료를 허용할 경우 1, 2, 3차 병의원 모두 허용할 것인지, 일부만 허용할 것인지와 원격진료의 범위, 수가 등을 어떻게 결정할 것인지의 문제는 지켜봐야 한다.

개원을 준비하는 예비 원장님들 입장에서는 앞으로 비대면 의료 수가 체계가 이루어진다면, 기존 병의원에서는 어느 정도 매출을 올릴 수 있을 것인지에 대한 예측이 더욱 복잡해질 수밖에 없을 것이다. 이 제도로 인해 일부 의료기관과 지역 내 스타 의사에게로의 쏠림현상도 분명 커지겠지만, 구체적인 환자의 상태를 지속적으로 확인해야 하는 상황에서 전적으로 모든 진료가 비대면 원격의료에 의존하는 것이 아니라 대면 외래진료의 보조적인 수단으로 활용될 것이다. 이것은 지역 내 신뢰도 높은 의료진에 의지하는 온가족 주치의 제도로 정착될 수도 있는 긍정적인 역할을 할 것이다. 그러나 비대면 원격의료가 시작되면 개원의 및 기존 병원에서도 고민은 원격의료 시스템에 들어가는 비용뿐만 아니라 지역 내 경쟁 병원에 뒤처지지 않기 위해서 경쟁 병원과의 시설과 인테리어 경쟁을 유발해 투자비용이 증가할 수밖에 없다는 것이다.

비대면 원격의료가 시행된다 하더라도 외래진료와 병행할 수밖에 없으므로 경쟁력 있는 상권, 입지의 진입 경쟁은 더욱 심화될 가능성이 높다. 경우에 따라서는 쏠림현상도 발생할 가능성이 높으며, 메디컬이 차지하는 비중이 높은 상가일수록 유치 경쟁은 더욱 치열해질 것이다. 상권 내 진료 과목별 경쟁은 더욱 치열해지고, 최대한 많은 타깃 환자층을 확보하기 위해서 기존 상권 범위를 최대한 확장해 개원할 수밖에 없는 점도 눈여겨봐야 한다. 즉, 주민생활과 밀접한 중심 상업지역과 배후단지 중심의 근린상가가 인접해 있을 경우 과거 근린상가를 선호했던 소아청소년과 이비인후과, 치과, 한의원들도 중심 상가로 더욱 몰릴 가능성도 있다.

근린상가에 개원할 경우에는 앞으로 새롭게 진입할 경쟁 과목 메디컬이 얼마나 될 것인지가 더욱 중요해질 수밖에 없다. 여기서 주목할 것은 2019년 10월 22일 건축법이 개정되어 2020년 1월 23일 시행되면서 과거 1, 2종 근린생활 업종 용도에 구분 없이 개원이 가능하던 것이 1종 근린생활시설 의원에서만 개원이 가능하고, 상가 내 의원 합계가 500㎡ 이상일 경우 장애인 화장실을 별도 설치해야 하는 부담이 커졌다는 것이다. 이것은 결국 용도허가 문제로 인해서 특정 상권과 상가로 쏠림이 더욱 커졌다는 점을 인식할 필요가 있다.

또한 상가를 공급하는 시행, 분양사로서는 비대면 원격의료가 허용된다면 상권 내 배후 타깃 환자층의 규모를 고려해 상가를 시행해야 한다. 진입할 메디컬의 과목별 예상 숫자, 유치할 과목의 상권 영향력들을 종합해 상가의 용도와 메디컬 과목별 적합 면적 규모, 분양가, 임대가를 정해야 할 필요가 있다.

학원가 상권은 어떻게 될 것인가?

상권과 상가에 영향을 미치는 대표적인 두 가지 업종을 꼽으면 앞서 언급한 메디컬과 학원이다. 그만큼 지역 주민들과 직장인, 학생들의 집 객력이 크기 때문에 병원과 학원을 유치하면 다른 임차인 유치도 수월 해져서 상가와 상권에 긍정적 효과를 미친다. 그러나 코로나19를 겪으면서 학원이 폐쇄되고, 학원 운영자와 선생님들의 수입이 없어지면서 금융기관과 심지어 대부업체에까지 대출신청이 이어졌다고 한다.

코로나19를 겪고 난 뒤 학원들은 어떻게 될까? 학원들이 과거로 돌아가기는 어렵지만, 그렇다고 우리 학교와 일반인들의 자기개발 수요가 없어지기도 어렵다. 무엇보다 이번 코로나19를 겪으면서 강제적이기는 하나 비대면 상황에서 수업이 이루어져도 별문제가 없다는 것을 경험했다. 그렇다면 코로나19 이후 우리 상권의 학원들은 어떻게 흘러 갈 것인가?

입시학원 & 보습학원

입시학원

이미 입시학원 상당수는 전문과목별 학원 체계가 정착되었고, 대치동, 목동, 중계동 등 서울의 경우 대표적인 지역에 학원가를 형성하고 있지만 지역별, 구별로 상당수 입시 학원들이 들어와 있다. 규모면에서 150㎡ 전후에서 330㎡ 이상의 중대형 학원들도 지역 거점 상권에 상당수 위치하고 있었다. 그런데 이런 전문 입시학원들도 빠르게 일타강사 중심으로 비대면 온라인 강의로 대체하게 될 것이다. 이 경우 전체적으로 대면 입시학원의 위축이 불가피하고, 특히 영세한 지역 단위로 진입한 입시학원이 타격이 클 수밖에 없을 것이다. 대형보다는 중소형 단위 전문 과목별로 재편될 가능성이 높다.

보습학원 – 초중학생 중심

비대면 수업이 도입되겠지만 아직은 공부하는 습관과 규칙에 익숙해지려면 비대면보다는 대면이 익숙할 수밖에 없을 것이다. 입시 중심 학원보다는 타격이 덜할 것으로 예상되므로, 상가 MD 유치나 상가 투자자의 임차인 선정에서도 관심을 기울일 필요가 있다. 특히 초등학생 자녀를 둔 평균 나이 30대의 거주자가 많은 신도시 지역의 경우 기존 경쟁력은 유지가 될 것으로 보인다.

성인 관련 학원

어학원

취업을 준비하는 학생, 직장인 등이 자기개발을 위해서 등록하는 경우가 많다. 초기 어학 기자재 등의 투자비용이 높고 주요 중심 상업지역, 역세권 등에 입점하지만, 이번 코로나19로 인해서 대면보다는 비대면에 더욱 익숙해지는 계기가 될 것 같다. 330㎡ 이상의 대형 어학원의 경우 기존 학원과 신규 지점 개설 시에도 대폭 규모를 줄이거나 숫자를 줄이고, 비대면 중심 강의 시장으로 들어설 가능성이 높다.

공무원시험, 자격시험 학원

불안정한 직장생활로 안정된 공무원이나 자격시험에 관심을 가지는 직장인들과 취업 준비생들의 관심이 높다. 이제까지 공무원은 서울의 노량진, 대방역 일대, 자격시험은 지역의 중심상권이나 역세권에 입점한 학원들이 많았다. 문재인 정부 들어서면서 공공일자리를 만든다는 명목으로 공무원 숫자를 대폭 확대했지만, 2018년부터 노량진 학원들의 학생 수가 감소하기 시작했다. 주말이면 노량진역 앞 맥도날드, 스타벅스, 해커스공무원 학원 앞은 어깨가 부딪칠 정도로 많은 인파가 쏟아졌으나, 코로나19 이전인 2019년에는 눈에 띄게 줄어들었고, 지난해 만나본 노량진 부동산 중개업소 사장님들도 입을 모아 학원생이 줄었다고 이야기했다. 그렇다면, 공무원 준비생들이 줄어들었다는 이야기일까? 그 원인은 지방에서 올라오던 수강생들이 비대면 강의로 공무원 수험 준비를 하기 때문이라고 한다. 이미, 자격시험 분야에서는 온라인 학원들이 비대면 수업 방식으로 시장에 자리를 잡고 있다. 코로나 19 상황으로 인한 공무원시험과 자격시험 학원들의 비대면 강의 증가로 대면 학원생들의 더욱 빠른 이탈이 불가피할 것으로 예상된다.

취미, 운동, 자기개발 관련

다이어트, 피트니스

다이어트와 피트니스는 과거에는 여름 한철에 집중했다면 지금은 계절과 관계가 없다. 시중에는 다이어트 프로그램과 헬스, 요가, 필라테스, 줌바 등 다양한 프로그램들이 만들어져 있고, 유명 강사들이 있는 학원들에는 수강생들이 넘친다. 그러나 이번 코로나19는 오픈된 공간에서 함께 교육을 받으면서 공기 중으로 이동한 비말에 집단 감염이 나타나면서 많은 수의 학원들이 문을 닫았다. 그렇지만 다이어트와 체력관리 프로그램들은 유튜브 공간으로 옮겨와서 비대면 강좌가 대폭 늘어났다. 그렇다면 코로나19 이후 이런 학원들은 모두 비대면 유튜브 시장으로 이동하게 될까? 물론, 강의 상당수는 유튜브 시장으로 이동하겠지만, 다이어트와 피트니스는 결국은 온오프라인이 함께 갈 것으로 예상된다. 다만, 과거와 같은 대형 규모보다는 유튜버가 운영하는 교육장에서 1:1 중심으로 피트니스와 식단관리, 체형관리를 함께하는 교육 형태가 될 가능성이 높다. 오프라인 학원은 중심 상업지역, 준주거, 근린생활상가에서 100~180㎡의 면적을 원하는 예비원장님들의 요구가 늘어날 것으로 예상된다.

자기개발

주 52시간 근무, 재택근무로 불안해진 직장 때문에 제2의 취업이나 창업을 꿈꾸는 사람들의 배우기 위한 열정은 코로나19 이후에 더 커질 가능성이 높다. 요리, 커피, 플라워 등과 같이 창업으로 연결될 수 있는 분야와 예술 분야 순수 취미가 있을 수 있다. 이런 형태의 학원은 비대면보다는 대면 수업이 효과적이어서 코로나19 이후에도 관심은 여전히 높을 것으로 예상된다. 다만, 이들의 기존 상권 입지 형태는 최대한 많은 학원생을 유치하기 위해서 도심이나 지역의 대표적 상권의 거점 역세권에 위치하고, 경쟁 학원을 압도하기 위해서 규모와 시설, 인테리어에 과도한 투자를 해야 하는 경우가 많았다. 그러나 코로나19 이후에는 대형 학원보다는 100~180㎡의 중소 규모로 원장 1인에 의지하는 학원들이 역세권보다는 젊은 직장인과 시간 여유가 있는 주부층이 많이 거주하는 신도시 상업지역 등으로 패턴이 변할 것으로 예상된다.

스터디카페와 방역 시스템 반영의 필요성

비대면 인터넷 강의로 빠져나간 수험생들로 학원들이 타격을 받았다면 새로운 수요가 커질 수 있는 업종이 주거지와 가까운 스터디카페다. 대입 수험생과 어학을 공부하는 직장인 대학생과 재택근무로 가정과 업무가 분리되지 않아서 고민하는 직장인, 직장의 불안감으로 자격시험이나 자기개발을 위한 공부를 할 수 있는 스터디카페 수요는 증가할 것으로 예상된다. 다만, 코로나19로 인해 스터디카페는 개방형 수요보다는 1인이 사용하는 독방의 구조를 선호하게 될 것이다. 그러나 코로나19가 냉난방을 담당하고 공기 순환을 담당하는 공조시스템에 의해서 옆방 감염자의 비말이 공조기를 타고 감염을 일으키면서, 사회적 거리두기 상황에서 방역당국이 출입 규제를 가장 강력히 시행한 업종이 스터디카페였다. 따라서 앞으로 스터디카페의 성패 여부는 얼마나 사회적으로 신뢰할 수 있는 방역 시스템을 갖출 수 있을지가 관건이 될 것이다.

우리 도시 상가 구조가 제한된 건물에 구분상가로 구성된 곳이 많고, 이 구분상가의 상당수는 건물 전체의 공동 냉난방을 하거나, 각 구분상가마다 단일 냉난방기를 활용해 단일 공조시스템으로 운영하는 곳이 많다. 앞으로 스터디카페와 학원들은 환기와, 소독을 포함해 이용자를 보호할 수 있는 공조시스템에 대한 고민이 필요하고, 이를 해결할 효율적인 인테리어와 비용 절감은 앞으로의 숙제가 될 것이다. 무엇보다 스터디카페나 학원들 유치를 염두에 둔 상가 시행사라면 방역을 반영한 건축구조 설계의 반영이 무엇보다 필요하게 되었다.

멀티플렉스 상영관 침체에 따른
상권과 상가

　코로나19로 인해서 산업 전체가 타격을 받았지만, 그중에서 대표적인 것이 영화 산업과 관련된 멀티플렉스 상영관들의 피해로 이들이 입주한 상가 전체도 예외가 아니었다. 전염병이 가진 밀폐된 공간에서의 강한 전파력으로 확진자들이 다녀간 상영관에 대해서 방역을 하고 다시 문을 열었지만 관람객 숫자는 급감하면서 휴관이 잇따랐고, 이로 인해서 직원들을 줄이거나 무급휴가로 대체한 곳이 많아졌다. 국내 상영관을 이끌고 있는 멀티플렉스 3대 상영관인 CGV, 롯데시네마, 메가박스를 다음카카오지도를 통해서 검색해보면 2020년 4월 30일 기준으로 1,475개가 검색된다(CGV-787개, 롯데시네마-436개, 메가박스-252개). 중복 지역을 감안하더라도 이 정도 숫자이면 국내 주요 지역 상권 대부분에 멀티플렉스 상영관이 있다는 이야기다. 영화산업진흥위원회 자료를 보면 상영관들의 연간 누적 관객 수에서도 2013년 2억 명을 돌파하고, 2019년에는 2억 2,668만 명으로 최고를 기록했다고 한다. 2019년 호황을 이루었지만, 2020년 3월 말, 4월 초 코로나19로 인해서 일일 전국 상영관 전체 관람 인원이 불과 2만 명 수준을 헤아릴 때도 있었다.

멀티플렉스 상영관들이 어려움에 빠졌다면 이를 대체한 것이 나홀로 영화, 드라마를 즐길 수 있는 유료 온라인 동영상서비스(OTT) 업체인 넷플릭스였다. 넷플릭스의 유료 가입자 통계에서도 올해 1분기에만 1,577만 명이 증가해 누적 가입자가 1억 8,286만 명에 이르렀다고 한다. 이 수치는 지난해에 2020년 1분기 예측치를 700만 명으로 보았지만, 예상 수치의 두 배 수준을 넘어섰는데, 이런 폭발적인 증가세는 코로나19의 영향 때문이라고 한다. 멀티플렉스 상영관들은 코로나19가 끝날 경우 예전 수준으로 돌아가려는 노력을 하겠지만, 불가능할 것으로 본다.

멀티플렉스 상영관이 침체될 경우 영화산업 전반의 침체로 이어져서 국내에는 유능한 영화감독들이 있지만 해외투자자들의 유치가 어렵다면 국내 자본에 의한 대작 투자 역시 기대하기 어려울 듯하다. 멀티플렉스 상영관들은 대안 사업으로 잘 갖춰진 조명과 멀티미디어 시설을 활용해 코로나19로 인해서 수요가 증가하고 있는 비대면 문화콘텐츠 제작이나, 교육 사업 등으로 눈을 돌리겠지만 제한적이다 보니 과거와 같은 호황세로 돌아가기는 어려울 것이다. 따라서 멀티플렉스 상영관이 입주한 상권과 상가 시장에서 이제까지 미친 영향을 감안하면 코로나19로 인한 침체는 상권과 상가에도 큰 영향을 미칠 것이다. 그동안 멀티플렉스 상영관을 적극 유치했던 상가 시행 분양사는 유입된 관객을 상가 전체로 분산시키는 '샤워효과'나 '분수효과'를 상가 분양 홍보에 적극 활용해왔다. 여기서 '샤워효과'란 집객효과가 큰 브랜드나 업종을 상층부에 배치해 고객을 아래로 분산시키는 것을 말하고, 반대로 저층부인 지하층에서 상층부로 분산하는 효과를 '분수효과'라고 한다. 이두 효과는 수년간 대형 상가의 단골 프로모션 전략 중 하나였고, 실제로 상가 분양에서도 효과를 보았다. 상가 시행 분양사에서도 상가 시행을 준비하면서 MD 설계를 할 때 멀티플렉스 상영관을 선임대 방식으로 유치해 분양 전략으로 활용한 것도 그런 이유에서다.

멀티플렉스 상영관 침체로 더 이상 상영관의 유치가 어렵다고 판단되면 대형 상가들은 MD 설계를 다시 해야 하고, 경우에 따라서는 상가규모도 축소해야 할 것이다. 상권에 따라서 상영관이 입점한 상가들도영화산업이 침체되면 상가 투자자나 임차인들이 상영관 상가에 대한투자를 외면할 경우 상가 활성화는 더욱 어려움에 빠질 가능성이 커졌다. 이미 멀티플렉스 상영관이 호황인 시절에도 급격히 늘어난 상영관으로 인해서 동네 어디를 가도 상영관을 볼 수 있게 되면서 상권 효과는 점점 약화되고 있었다. 심지어 상영관만 있고 아예 상가 전체가 공실이 된 곳도 상당수 상권에서 나타났던 것이 현실이다.

이제까지 멀티플렉스 상영관이 입점한 상가들 중에서 활성화된 곳은 상영관 효과보다는 상가 자체가 상권에서 경쟁력이 높았던 곳이 많았다. 역세권, 도심 접근성이 높은 곳에 아울렛몰과 멀티플렉스가 함께입점한 것은 서로의 상승효과를 기대한 측면보다는 고객의 접근성이높고, 충분한 쇼핑 공간이 확보되었기 때문이다. 즉, 상영관이 있기 때문에 임차인이 입점하고 소비자가 몰리는 것이 아니라 상권에서 상가 경쟁력이 높기 때문에 외식업이나 소매업, 서비스업의 주요 브랜드와 업종들이 집중되면서 활성화되었다는 이야기다. 분수효과나 샤워효과를 상가 투자자들은 기대했을지 모르지만, 경쟁력 있는 상가와 입점 브랜드들은 상가 경쟁력을 보고 입점한 곳이 더 많았다는 것을 의미한다.

반대로 상영관이 입점한 상가에 공실이 많은 곳은 상영관의 영향력이 크지 않은 것이 아니라 애초부터 해당 상가의 경쟁력이 취약하다고 보는 것이 맞다. 앞으로 멀티플렉스 상영관이 있는 상가에 투자를 할 때는 상영관의 영향력보다 상가의 경쟁력에 집중해야 한다. 따라서 상영관 상가에 투자할 경우 주의할 상권과 상가의 형태를 정리해보면 다음과 같다.

인구 20만 명 이하 도시의 멀티플렉스 상영관 상가

도시 중심 상가의 역할을 하는 경우도 있지만, 인구가 과거 10년을 비교했을 때 감소가 뚜렷하다. 새로운 택지를 조성해 거주 지역이 분산되는 경우 상권 집중력이 떨어지는 경우가 두드러진다.

인접 3km 거리 이내에 더 큰 상권이 있고, 그곳에도 다른 상영관이 있을 경우

규모가 큰 상권과 상가가 인접할 경우 구매하는 상품이나 서비스가 같다면 소비자는 큰 상권으로 이동하려는 속성을 가지고 있다.

입점 2년이 지났는데도 1층을 50% 이상 채우지 못했을 경우

장기간 채워지지 않으면 장기 공실로 연결되어 상권 활성화가 어렵다.

입점 2년이 지났는데도 상층부 상영관과 1층만 채우고 중간층 70% 이상이 공실일 경우

역시 더 이상 공실이 채워질 가능성이 낮다.

실제(체감) 분양가가 인접 상가보다 같은 층이 150%를 넘는 경우

고분양가로 임대료 역시 높아서 입점을 기피한다.

트렌드와 타깃 고객층이 같거나 유사한 업종이 3개 이하일 경우

유사 트렌드 업종이 입점할 경우 경쟁도 하지만, 타깃 고객층의 집객에 유리하다. 그러나 트렌드가 집중되지 않는다면 타깃 고객층 집객에 애를 먹는다.

디지털로 연결된 비대면
언택트 소비시대

코로나19가 우리사회에 영향을 미치면서 유통 소비시장도 빠르게 비대면 언택트 환경에 적응해가고 있다. 비대면 언택트 환경에 적응할 수밖에 없는 환경은 전염병에서 자기 안전을 지키려는 보호본능에서 출발한다. 자기 보호본능은 개인과 가족의 불필요한 이동을 최소화한 격리 심리가 강해진 것을 의미한다. 자가 격리는 대면 소비 감소로 연결되고, 이것은 제조업체와 유통업체 매출 감소로 이어진다. 이로 인해 기업과 자영업에서도 새로운 판매수단을 찾을 수밖에 없는 상황을 맞이하며 비대면 언택트 판매가 활발해질 수밖에 없게 된 것이다.

코로나19 이전에도 2010년도를 넘어오면서 디지털 기술의 발달이 하루가 다르게 발전하는 반면에 백화점, 할인점, 일반 로드숍은 빠르게 위축되고 있었다. 비대면 언택트 소비 증가의 직접적 원인을 코로나19가 제공했다면, 우리 사회 전반이 디지털로 연결된 기술적 환경은 그 뒷받침이 되었다. 그렇다면 비대면 언택트 소비를 가능하게 한 디지털 기술로는 어떤 것이 있을까? 첫째, 핀테크 환경의 안정화로 온라인 금융서비스의 보안 신뢰가 높아졌기 때문에 비대면 결제도 대면 결제와 같이 신뢰하고 사용할 수 있게 되었다. 둘째, 하이테크 VR과 AI로 구현된 상품과 서비스가 오프라인 매장과 차이 없게 구현이 가능해졌기 때문이다. 셋째, 빅데이터 기술의 발전은 고객의 니즈를 정확히 파악해 상품 차별화와 집중화를 통해서 매출과 수익을 극대화할 수 있었다. 패션 부분에서는 소비자의 유행을 선도적으로 파악해 제품을 출시해 SPA 브랜드의 글로벌화에 기여한 것도 결국은 정교한 데이터의 수집과 분석을 통한 제품 생산이 가능했던 결과다. 이제는 빅데이터가 단순히 과거 자료 수집에 그치지 않고 이를 통해서 브랜드가 상품의 새로운 가치를 창조해 소비자의 니즈를 끌고 갈 수 있는 수준에까지 도달하고 있다. 빅데이터 가공을 위한 고객 정보는 오프라인 매장보다는 비대면 판매 공간에서 수집하기 용이한 것도 비대면 소비가 활성화된 원인이다. 넷째, 전 세계가 디지털로 연결된 환경은 전염병과 같은 상황이 일상화된다면 비대면 언택트 환경의 유통시장이 발전할 수 있는 토대는 충분한 것으로 보고 있다.

그러나 비대면 언택트 소비시장 발달이 여러 과제와 문제도 주고 있는데, 몇 가지 항목을 살펴보면 다음과 같다. 첫째, 비대면 상황만으로는 소비자의 다양한 행동 패턴을 읽는 데 한계가 있기 때문에 반복적인 구매가 발생하는 저단가 저수익 상품에만 집중한다면 적시에 수익성 높은 상품을 시장에 내놓는 시기를 놓칠 수 있다. 둘째, 비대면 언택트 상황만 발전하고 오프라인 매장의 매출 감소가 지속되면 우리의 도시 상권과 상가의 안정적인 발전에는 문제가 있을 것이다.

어찌되었든 코로나19로 인해서 비대면 언택트 소비는 폭발적으로 증가하고 있다. 오프라인 매장에서도 인건비의 절감과 나아가 관리의 효율성을 위해서 편의점 등에서는 무인판매 품목 확대와 무인점포 구현 등 비대면 언택트 환경의 판매 방법 구현은 꾸준히 진화하고 있다.

또한 오프라인 매장을 방문하지 않더라도 가정에서 주문하고 매장에서 배달을 하는 판매 형태는 꾸준히 증가하고 있는 추세다. 그러나 비대면 언택트 소비로 온라인 매출의 증가가 압도적으로 높다 하더라도 오프라인 매장이 모두 필요하지 않은 것은 아니다. 저단가, 저수익 제품의 경우 비대면을 통해서 대량 판매가 가능하지만, 고단가, 고수익 제품의 경우에는 상권의 주요 거점에 플래그숍을 개설해 상품의 비교 평가를 할 수 있는 오프라인 점포가 필요하다. 비대면 소비가 증가할수록 커지는 오프라인의 플래그숍의 필요성에 대해서는 뒤에 다시 자세하게 언급하도록 하겠다.

언택트 소비시대에서 꼭 필요한
물류창고 확보 전쟁

    비대면 언택트 소비시장이 성장하면서 가장 필요한 하드웨어는 상품을 집중하고 전국 어디든 배송할 수 있는 물류창고 문제로 이것은 국가나 기업으로서는 피할 수 없는 과제가 되었다. 대기업 유통사들이 전국 단위 접근이 손쉬운 지역에 물류터미널과 물류센터 부지 확보 전쟁에 나선 것이나 국내 증권사에서도 새로운 사업 아이템으로 선택한 것이 유동화 자산으로 장기간 임대 수익을 올릴 수 있는 부동산인 물류창고 부지라는 것은 이미 잘 알려진 사실이다. 그러나 국내 물류센터나 창고, 부지의 확보는 생각처럼 쉽지 않다. 자격요건을 갖춘 국가물류통합정보센터에 등록된 물류창고업은 국내 3,646개로 이 중 전체의 46.4%인 1,693개가 서울, 경기, 인천 등 수도권에 집중되어 있다(국가물류통합정보센터 2020년 5월 31일 기준. 시점 차이로 일부 오차 있음).

소재지	합계	물류시설법	항만법	관세법	유해화학법	식품위생법	축산물위생법	식품산업진흥법
		창고업	항만창고	보세창고	보관저장업	냉동냉장	축산물보관	냉동냉장
합계	3,646	1,323	209	602	153	514	519	326
서울특별시	127	34	6	31	0	9	47	0
부산광역시	347	25	19	88	10	66	30	109
대구광역시	49	22	0	3	0	5	16	3
인천광역시	345	100	30	135	12	25	24	19
광주광역시	84	33	0	4	1	16	19	11
대전광역시	34	19	0	1	0	7	7	0
울산광역시	85	24	11	15	24	4	4	3
세종특별자치시	28	16	0	3	2	4	3	0
경기도	1,220	540	16	154	59	198	193	60
강원도	139	46	16	14	0	16	13	34
충청북도	119	58	0	10	6	21	23	1
충청남도	144	60	0	22	5	25	21	11
전라북도	118	40	4	21	4	17	21	11
전라남도	168	60	28	14	13	17	19	17
경상북도	167	70	12	19	1	26	29	10
경상남도	427	156	67	66	16	45	40	37
제주특별자치도	45	20	0	2	0	13	10	0

출처 : 국가물류통합정보센터

국가물류통합정보센터에 등록되지 않은 기업, 민간창고 업체 역시 인구의 과반이 거주하는 경기도에 집중되어 있는데, 분포를 보면 전국 물류에 용이한 고속도로 접근성이 좋은 경부고속도로, 중부고속도로,

영동고속도로, 수도권 외곽순환도로 인근에 집중 분포하고 있다. 대규모 물류센터 부지를 찾는 기업으로서는 부지 못지않게 접근 가능한 4차선 이상 도로망이 원활하지 않아서 새로운 도로망부터 확보해야 하는 필요성 때문에 초기 사업비 규모는 점점 커지고 있다. 또한, 수도권 물류창고 수요를 위한 경기도 지역의 소규모 창고 부지 1,000㎡ 전후를 찾기도 쉽지 않다고 하는데 그 이유는 다음과 같다. 첫째, 주거지 공급을 위한 신도시와 택지 개발로 부지가 없다. 소규모 창고들이 모여 있던 하남, 구리, 남양주 등은 신도시 개발로 이주를 했거나, 앞으로 교산신도시, 왕숙신도시 부지에 산재한 창고들도 모두 이주해야 할 대상이다. 둘째, 물류센터급의 대형 부지의 경우 고속도로 연결성이 좋고 4차선 이상 접근로가 확보된 곳이 많지 않아서 경기 이남 충북 지역에서 물류센터를 찾는 것도 그런 이유에서다.

아무튼 비대면 언택트 소비시대에 유통 대기업의 경우 초기 비용을 줄이기 위해서 경기 이남으로 대규모 부지를 찾아서 내려가겠지만 냉동, 냉장 식품류 증가와 빠른 배송을 위해서 소비자의 절반이 거주하는 수도권 인근에서 프랜차이즈 업체, 홈쇼핑, 온라인쇼핑 업체들의 창고 부지 확보는 더욱 치열해질 수밖에 없을 것 같다. 그러나 수도권 인근에서 기존 도로망이 좋은 지역은 이미 물류창고 용지가 더 이상 남아 있지 않다.

그렇다면 수도권에서 새로운 지역의 물류창고 용지를 찾는다면 주목해야 할 지역은 어디일까? 2026년이면 개통될 수도권 제2외곽순환도로를 주목해볼 필요가 있다. 이 중에서 서울 접근성에서 지하철과 철도가 연결되지 않아서 신도시나 택지 개발이 어려운 반면, 기존 간선도로망과 연결이 용이한 지역이 우선 대상이 될 가능성이 높다. 이렇게 보면 왕숙신도시 북쪽의 포천, 남양주와 양평, 광주, 이천 일부 지역과 화성시 서부 지역이 그중에서 접근성이 좋은 유망 지역이다. 이뿐만 아니라 제2외곽순환도로와 연결되는 지방도로 인접 지역에 합당한 부지 규모가 있다면 프랜차이즈나 기업 모두의 물류창고 부지로 활용 가능성이 높다. 그러나 수도권에서 현재로서는 접근성이 높은 지역의 부지 가격도 천정부지로 치솟아서 얼마나 낮은 가격에 적기에 매수할 수 있을지가 관건이다.

음식업은 어떤 변화를
맞이하게 될까?

우리 상권과 상가에서 경제생활을 하는 절대 다수는 700만 자영업 자들이고, 그중에서 가장 많은 업종은 약 300만 명으로 추산하는 음식업 종사자들이다. 코로나19로 인한 팬데믹 상황은 음식업종이 어떤 변화된 환경에 직면할지 음식업 사장님, 창업자, 프랜차이즈본사뿐만 아니라 건물주, 상가 시행 분양사 모두 관심을 가져할 사항이다. 우리 음식업은 이미 코로나19 이전에 김영란법에 따른 접대 감소와 인건비 상승, 주 52시간 근무로 인한 비용의 상승, 회식과 모임이 줄어들면서 고객 감소에 따른 매출에 큰 타격을 받고 있었다. 이런 상황에서 코로나19 이후 음식업은 어떤 또 다른 변화에 직면할까?

앞서 언급했듯이 재택근무와 유연근무제로 인한 아웃소싱은 오피스 상권과 중심 상권의 고객 감소로 연결된다. 호황기에 새벽까지 고객이 이어졌던 상권과 상가에는 일찍 불이 꺼지게 되고, 이것은 매출 감소로 직결될 것이다. 테이블 회전율로 매출 추정을 하는 많은 음식점들이 코로나19 이전에 이미 경험한 시장 환경 변화로 테이블 회전율이 지속적으로 감소하는 상황에서 앞으로는 테이블 회전율은 더욱 감소하고 매출도 줄어들 수밖에 없을 것이다. 결국 시장을 과거 잘나가던 시점으로 돌리기 힘들다면 사장님이 변할 수밖에 없다. 코로나19 이후 우리 음식점은 어떤 준비를 해야 할까?

음식점 내부를 혁신하자

먼저 적절한 매출액과 수익을 올리기 위해서는 메뉴 구성을 재정비하고 가격 전략을 다시 수립해야 한다. 과거 매출이 떨어지면 나타나는 저단가의 매출로는 개업 초반과 초저녁 고객을 모을 수는 있지만 테이블 회전율이 받쳐주지 않으면 매출은 더 이상 늘어나지 않게 된다. 타깃 고객 분석을 통한 원재료의 가격, 식재료 로스 등을 감안한 메뉴와 가격 전략의 재구성이 필요해진다. 이것은 음식점 사장님이나 창업자, 프랜차이즈 본사에서도 관심을 가져야 할 사항이다.

다음으로 매장 매출이 어렵다면 판매 방법과 수단의 다각화가 필요하다. 이미 음식업 시장은 배달플랫폼을 활용한 배달과 테이크아웃(드라이브스루 포함), 밀키트 판매로 진화하는 중이다. 1인 고객 증가에 따른 변화 또한 고려해야 한다. 대한민국은 빠르게 증가하는 1인가구로 인해 혼밥, 혼술이라는 용어가 코로나19 이전에도 낯선 용어가 아니었다. 코로나19를 거치면서 위생을 위해서 스스로 격리를 선택하는 사람들이 증가하면서 1인 고객은 더욱 증가할 수밖에 없을 것이다. 이렇게 될 경우 매출을 위해서 기존 4인 중심 테이블에서 2인 혹은 1인 전용테이블 증가로 홀 내부 동선 변화가 예상된다. 또한, 2인 이상 전골과 찌개 중심의 식사 패턴에서 1인 위주의 뚝배기 중심 식문화가 예상된다. 이 경우 과거 2인 이상 모임이나 단체 중심으로 장시간 테이블에 체류하면서 매출을 올리는 구조에서 1인, 2인 중심으로 테이블 구조가 변하게 될 경우 객단가 중심으로 빠른 회전율을 올릴 수 있는 상권 선택은 중요해질 것이다.

마지막으로 인건비와 임대료는 영원한 숙제다. 음식점에서 비용부담이 가장 큰 것은 역시 인건비와 임대료다. 앞으로도 인건비 항목은 최저임금 상승만이 아니라 보험을 포함한 직원 복지비용이 지속적으로 증가할 수밖에 없을 것이다. 음식점 사장님이라면 인건비 부분을 어느 수준에서 유지할 것인지는 음식점을 경영하는 동안 항상 고민해야 할 사항이다. 다음으로 타깃 고객 감소에 따라서 매출이 감소하는데 임대료가 높거나 상승 요인이 지속적으로 발생한다면 상권 분석을 통한 타깃 고객 재설정이 필요하고, 경우에 따라서는 점포의 이전도 검토해야 한다. 또한, 상권 환경이 변해서 현재 업종에 비해서 점포 면적과 규모가 적합한지도 재검토가 필요한 항목이다.

우리 음식점 식재료는 대부분 수입에 의존한다

음식업 종사자들이 코로나19 이후 상황에서 핵심적으로 주목해야 할 사항 중 하나는 원재료 공급망 안정화에 대해 관심을 기울여야 한다는 것이다. 우리 음식업에서 빼놓을 수 없는 핵심 원재료는 쌀을 제외하고는 대부분 수입에 의존하고 있다. 그런데 코로나19를 겪으면서 많은 국가들이 자국 중심 각자도생을 선언했다. 그 과정에서 많은 농축산물 수출국들이 식량안보를 명분으로 수출을 일시 제한하는 조치를 취했다. 이미 유럽과 미국 등 주요 국가들이 코로나19를 겪으면서 농업과 육가공 공장에서 저임금 해외 노동자들의 이탈로 생산 중단 등 막대한 차질을 빚으면서 2020년 농업 생산량이 감소할 것이라고 예상된다.

우리 음식업에서 특히 많은 비중을 차지하는 육류는 유럽과 미국, 남미에서 수입이 많고, 수산물은 동남아 국가가 많다. 수출을 제한하는 국가들이 있다 하더라도 우리나라는 충분히 극복 가능할 것으로 보지만, 일시적 공급 축소로 가격 파동을 겪을 가능성은 있다. 따라서 물류를 책임지는 프랜차이즈 업체나 직접 물류를 확보해야 하는 독립점 음식점 사장님들로서는 공급처를 한두 개 업체로 단순화하는 것 보다는 품질 검증을 마친 다양한 공급처에 대한 준비를 항상 하고 있어야 할 것이다. 이 과정에서 물류를 함께하는 프랜차이즈 업체의 경우 안정적인 냉동창고 확보는 필수 요소가 되었다.

배달음식점, 푸드테크와 상권 그리고 상가

코로나19를 거치면서 매출이 대폭 늘어난 업종이 배달과 택배다. 그 중에서 배달음식점들은 코로나19의 감염 위험 때문에 아예 홀 내 영업을 하지 않고, 배달에만 의지하는 곳도 있다. 코로나19가 끝이 나도 음식점 소비자들의 자기 보호와 격리 심리가 더욱 커지면서 업태가 비슷한 일부 택배사 직원들의 집단 감염이 있었지만, 배달음식점 매출은 더욱 늘어날 것으로 보인다. 그렇다면 앞으로 음식점은 어떤 형태로 발전할 것이고, 여기에 영향을 미치는 배달플랫폼 시장에 경쟁력 있는 새로운 배달앱이 등장할 수 있을까?

배달음식점 상권과 점포

과거 배달음식점 하면 대부분 33㎡ 전후 공간에다 메뉴에 맞춰진 주방 시설, 홀에는 2~4개 정도 탁자를 두고 배달을 겸해서 장사하는 음식점들이 대다수였다. 그러나 코로나19를 겪으면서 대부분 음식점이 배달을 겸하게 되었다. 앞으로 팬데믹이 끝나도 이 상황은 지속될 것으로 예상되며, 다음의 두 가지 형태로 운영될 것으로 예상된다.

첫째, 홀 매출과 배달 매출을 겸하려는 추세다. 자기보호 본능으로 인한 격리 심리로 배달음식점에 의지하는 소비자들이 늘어나는 상황 못지않게, 기존 배달을 하지 않던 음식점들도 높은 임대료와 인건비에 비해 감소한 매출을 메우기 위해서 배달을 겸할 수밖에 없을 것이다. 이렇게 될 경우 음식점들의 상권, 입지도 야간에만 활성화된 먹자골목 상권보다는 배후세대가 밀집된 가시성과 접근성이 좋은 상권으로 진입하지만, 높은 임대료로 인해서 신도시 지역 상가주택 지역과 함께 상업 지역의 경우 상대적으로 1층보다 임대료가 낮은 2층을 선택할 가능성이 있다. 이 경우 홀의 매출이 줄어들어서 과거 130㎡ 이상의 점포들도 100㎡ 이하로 축소되고, 배달과 홀을 겸하기 때문에 동선의 분리 문제는 새롭게 검토해야 할 항목이다.

둘째, 100% 배달에만 집중하는 추세다. 앞서 언급했듯이 33㎡ 전후의 과거 음식점 매장들이 2~4개 테이블을 두고 장사했다면, 앞으로는 아예 홀 장사는 포기하고 배달에만 집중하는 매장들이 늘어날 것이다. 이 경우 가시성, 접근성 중심의 상권, 입지 선택보다는 임대료가 저렴한 곳에서 배달앱의 홍보에만 의지하는 형태의 영업을 할 가능성이 높다.

공공배달앱은 성공할 것인가?

'배달의 민족'이 국내 배달앱에서 독점적 운영을 하면서 수수료 문제로 한바탕 소동을 겪고 난 뒤 여러 지방자치단체에서는 경쟁적으로 공공배달앱을 시도하겠다는 움직임이 늘어나고 있다. 명분은 충분히 이해하지만 공공배달앱이 성공하기 위해서 관련 기관과 가맹점(배달음식점), 배달업체, 소비자 간의 이해를 만족시키고 조율할 수 있을지가 가장 큰 과제다. 그렇다면 각 관련 당사자들이 필요로 하는 능력과 이해관계는 무엇이 있을지 살펴보자.

• 공공배달앱(배달앱 고객관리센터)

각 이해 주체들과 계약과 관리를 할 별도 기관이 필요하고, 지속성을 위해서 소비자 클레임을 적절하게 통제하고 관리해야 한다. 무료 공공배달앱으로 관리와 통제를 할 수 있을지가 관건이 될 것이다.

• 가맹점(배달음식점)

배달음식점들의 공공배달앱 가입 목적이 높은 수수료 때문이라 생각하겠지만, 배달앱을 사용하는 본질적 목적은 매출 상승이다. 민간 배달앱보다 공공배달앱을 사용했을 때, 매출은 어떻게 될 것인지? 민간이든, 공공이든 매출과 수익의 기여도로 배달음식점들은 평가할 것이다.

• 배달업체

배달 수수료는 어떻게 할 것인가? 역시 공공배달앱과 계약된 배달업체의 목적도 높은 수입 확보다. 이 경우 공공배달앱에서 주문 건수가 민간 배달앱 주문보다 더 많을 경우 배달 수수료 계약에서 더 싸질 수 있지만, 공공배달앱 주문 건수가 떨어지면 건당 배달 수수료는 높아질 수밖에 없다. 더욱이 만약 배달 건수가 민간 배달앱보다 떨어질 경우 공공배달앱 운영을 책임지는 지방자치단체에서 배달 대행업체에 수수료를 보조하지 않으면 소비자는 높은 배달 수수료를 지불할 수밖에 없다. 소비자들이 높은 배달 수수료에 불만을 가지게 되면 공공배달앱을 떠나게 되는 요인이 될 수 있다.

• 소비자

소비자는 다양한 메뉴를 골라먹는 재미로 배달앱을 이용한다. 그러려면 중요한 것은 민간배달앱과 경쟁해도 손색없는 다양한 메뉴를 가진 업체들이 가입해야 하는 것이 필수조건이다. 과연 골라먹는 재미를 느낄 수 있을 것인가?

만약 지방자치단체에서 공공배달앱을 시도한다면 이러한 이해관계를 어떻게 만족시킬 수 있을 것인가에 대해 충분히 검토하지 않으면 안 된다. 왜냐하면 배달앱에 의지해 경제활동을 하는 서민들이 너무 많기 때문이다.

푸드테크가 운영하는 음식점

우리의 음식점에서 홀뿐만 아니라 주방에서도 빠른 속도로 사람이 하던 일을 푸드테크가 대체하고 있다. 최저임금의 급격한 인상으로 인해 한 사람 이상의 인건비 역할을 하는 키오스크가 패스트푸드와 일반 음식점을 가리지 않고 폭넓게 보급되기 시작했고, 이미 보편화되었다.

배달의 민족에서 가맹점에 임대하는 홀 내 운반용 로봇

우리 음식점 주방에서는 이미 설거지뿐만 아니라 인덕션, 솥밥 시스템이 동시에 수십 명의 밥을 짓고, 로봇이 햄버거 패티를 굽고 양파를 까는 시스템까지 와 있다. 홀에는 고객을 접객하는 로봇이 다단 선반을 장착하고 통로를 오가면서 고객들의 테이블로 음식을 서빙하고, 빈 그릇을 가져가는 시스템까지 이미 실제로 나타나고 있다.

앞으로는 주방과 홀, 나아가 근거리 배달까지 드론과 같은 푸드테크가 작업할 날이 멀지 않았다. 경우에 따라서 사람에게는 장애가 아니지만 통로의 폭, 기울기, 전기용량, 내외부 동선의 원활한 흐름이 어렵다면 푸드테크의 적극적인 도입이 어려울 수 있는 구조도 점점 많아질 듯하다. 상가를 공급하는 상가 시행, 분양사나 상가 투자를 하려는 분들은 앞으로 채택될 푸드테크에 적합한 상가 구조에 대한 고민이 점점 커질 것이라는 점을 염두에 두어야 한다.

학군, 직장 우선보다
거주하고 싶어 하는 곳은?

　최근 몇 년 사이 서울 아파트는 지역을 가리지 않고 가파른 오름세를 이어가더니 더 이상 서민이 접근할 수 없는 상황에 이르렀다. 이제까지 서울 아파트의 인기 요소를 판단하는 기준은 학군과 직장이었다. 그런데 코로나19는 우리 생활의 많은 변화를 가져왔고, 그중 재택근무제 확대는 출퇴근에 많은 시간을 허비하지 않게 되었고, 디지털 네트워크로 인해 대치동 학원가를 가지 않더라도 양질의 인터넷 강의를 들을 수 있게 되었다. 여전히 서울 시내에서 똑똑한 한 채를 선호하는 사람들도 있겠지만, 직장 출퇴근의 자유로움과 오프라인 학원의 퇴조는 삶의 질을 선택하는 층들이 도심 외곽으로 거주지를 이동하는 데 있어 한층 선택의 폭을 넓혀줬다고 할 수 있다. 만약 도심 외곽지로 거주지를 옮긴다면 업무와 도심 문화시설과, 쇼핑의 접근성이 좋은 철도, 지하철의 편리한 이용이 가능한지가 첫 번째 선택 기준이 될 것이다. 그렇다면 수도권 인근의 어떤 지역을 주목해야 할까?

첫째, 일반 철도의 2배 속도인 수도권광역급행철도 GTX 노선의 개통 효과로 취약 지역이었던 곳의 도시 접근성이 높아지면서 주민 유입이 커질 지역이다. A, B, C 3개 노선이 예비타당성이 통과되어 사업이 추진 중이지만 현재로서는 A노선만 공사 중이고, 2개 노선은 아직 공사 착공이 이루어지지 못했다. GTX 개통 시 A노선은 파주 운정과 문산권, B노선은 남양주 마석, C노선은 양주시가 서울 접근성이 좋아져서 주민 유입이 커질 것이다. 다만, 천문학적인 공사비용과 도심 통과에 따른 주민 민원으로 인해 예상 개통 시기를 지킬 수 있을지가 가장 큰 변수가 될 것이다.

둘째, 기존 지하철 연장선의 개통이다. 5호선과 7호선, 8호선은 연장 노선 공사가 진행 중이고, 3호선과 6호선, 9호선은 검토 단계이거나 공사 예정으로 연장선의 경우 신설 노선보다는 공사 기간이 빠른 것이 장점이다. 기준 지하철의 연장선이 개통될 경우 도심 접근성이 개선되어 종착지 주변으로 이주하는 사람들이 대폭 늘어날 가능성이 있다. 그러나 지하철 연장 개통은 종착지 지역에는 호조건인 것은 분명하지만, 서울 도심 접근성에서 시간을 단축하지 못한다면 BRT와 같은 간선급행버스로 이용객이 분산될 가능성이 있고, 이주민들도 급격히 늘기 어렵다는 것을 염두에 둬야 한다. 무엇보다 노선 중 일부는 급행노선을 교차 운영해 도심 접근성을 높이려는 시도를 하고 있지만, 실질적으로 시간 단축에 한계가 있다.

셋째, 판교와 연결되는 경강선이다. 도시 인구가 증가하고 있는 광주, 이천, 여주를 연결하는 노선으로 도농 복합지역인 광주, 이천, 여주가 연결되어 비교적 자연환경이 많고 경강선 종점인 여주-판교-강남역 노선은 여주에서 판교까지 1시간 20분이면 도착이 가능하다. 특히 도시 기능이 잘 갖춰진 이천의 경우 이천 도심 상권 혼잡으로 현재 개발이 진행 중인 중리택지와 이천 역세권 개발이 될 경우 가장 기대되는 지역 중 하나다.

넷째, KTX, SRT로 인한 서울 접근성이 개선되어 출퇴근 시간이 자유로운 직장인이라면 이주 검토가 가능한 지역이다. 먼저, 행정중심도시 세종시가 가깝고, 방사광가속기 유치로 인해서 산업과 연구 시설이 늘어날 청주시 흥덕구는 오송역이 가깝고, 경부고속도로가 인접해 교통접근성이 좋은 지역이다. 다음으로 SRT와 지하철1호선이 정차하는 평택시 지제역 인근은 서울권 SRT 출퇴근과 고덕국제신도시가 인접한 지역으로 현재 대규모 택지개발이 진행되는 지역이다.

코로나19 이후 상권은
어떻게 변할까?

코로나19 이후 상권 변화를 이끌 몇 가지 요소를 정리하면 다음과 같다. 첫째, 도심 역세권 주변의 오피스 수요 감소로 도심 역세권과 오피스 상권의 동반 침체를 불러올 가능성이 높다. 둘째, 코로나19로 인한 자기보호 심리의 확산으로 스스로를 격리하는 자가격리가 좀 더 광범위하게 확산될 경우, 집과 가까운 지하철 역세권과 근린상가는 혼술, 혼밥족의 증가로 도심 상권보다는 안정적일 가능성이 높다. 셋째, 대형 유통업체는 유통업인지 임대업인지 구분이 모호해질 것이다. 코로나19 이전부터 비대면 소비가 폭발적으로 성장하면서 백화점, 대형마트, 쇼핑몰 등 대형 유통업체의 구조조정이 빨라지고 있다. 대형 유통업체들은 오프라인 매장의 매출 감소로 인해서 자사의 점포를 리츠사에 매각하고 재임대하는 방식으로 사업패턴을 전환하고 있다. 앞으로는 전통적인 유통업보다는 수익성 중심으로 점포 전략을 구사하겠다는 의미이며, 이것은 결국 판매보다는 임대와 매출 수수료를 중심으로 운영하겠다는 의미일 것이다.

이미 대형 유통몰들 상당수도 직영보다는 몰(Mall) 내에 전문점화된 소매 점포와 전국 맛집을 유치해 수수료나 임대료 수입 중심으로 업체들을 유치하고 있다. 이것은 몰 내에 유명 브랜드와 맛집의 유치를 통해서 집객력을 높일 수 있다면 매출을 극대화해 더 높은 임대료와 수수료를 받을 수 있는 방법이기 때문이다. 이 경우 대형 유통몰로의 쏠림 현상이 가중되어 로드숍 위기로 볼 수 있다는 의견도 있다. 그러나 이런 점포 운영 전략은 리츠사나 입점하게 될 업체 모두에게 고민을 안겨 줄 것이다. 먼저 건물주인 리츠사로서는 끊임없이 수익률을 높이기 위해서 브랜드 교체 주기가 빨라지고, 임대료와 수수료를 지속적으로 인상할 수밖에 없는 구조가 될 것이다. 그렇지만 이 구조가 계속해서 유지될 것으로 보지는 않는다. 높은 수익률을 유지해야 하는 리츠사가 운영하는 몰이 비대면 언택트 소비가 증가하고 있는 추세에서 빠른 상권 변화로 수익률이 기대에 미치지 못하는데, 임대료와 수수료만 높인다면 입점 업체들로서도 기피하게 될 수밖에 없기 때문이다.

또한 몰 내에 입점하게 될 업체들은 어떤 목적으로 입점을 선택하게 될 것인지를 살펴볼 필요가 있다. 비대면 소비는 처음에는 패션, 뷰티, 잡화에서 시작되었지만, 전 영역으로 확대되고 있다. 매출의 폭발적인 증가세로 오프라인 점포 매출이 감소하면서 더 이상 오프라인 점포의 필요성이 없어질 것으로 생각하지만, 고객의 다양한 욕구를 충족시키기 위해서 상품을 체험하고, 비교할 수 있는 오프라인 플래그숍의 필요성은 더욱 커졌다. 과거 플래그숍이라면 기업 브랜드 프로모션, 투자자

유치, 프랜차이즈 기업의 경우 가맹점 모집을 위해서 주로 광고, 홍보를 목적으로 한 플래그숍이 대부분이었다. 그러나 비대면 소비가 일상화되면서 앞으로 플래그숍의 주요 목적은 온라인 매출을 보조하는 체험형 매장으로 변화할 것으로 보인다. 따라서 소비자의 접근성이 높은 상권 상가에 비교구매를 위한 전략 점포로서 플래그숍의 역할은 더욱 커졌다. 대표적인 것이 제품 소비 주기와 소비자의 취향 등에 대한 정보가 필요한 SPA브랜드들이다. 이들은 비대면 매출이 높아지는 것만큼 플래그숍의 도시별, 지역별 출점이 확대될 수밖에 없는 상황이다.

도시 상권을 보면 유통 대기업의 몰은 도시의 주요 상권에 집중된 곳이 많다. 역시 앞서 언급했듯이 같은 지역에 복수의 유통 몰이 입점할 때 매출의 차이는 큰 격차를 보이는 것이 일반적이다. 이때 입점 브랜드로서는 매출이 저조한 몰에 입점해 있다면 높은 임대료와 수수료만 지불할 경우 폐점이나 이전을 고민할 수밖에 없을 것이다. 따라서 몰에 입점했던 브랜드들도 인접 지역에 상권 활성화 가능성이 높은 상가가 있다면 로드숍으로 이전을 고민하는 업체들이 많아질 가능성이 있다. 주요 대형 상가들은 집객력을 높여서 상가를 활성화하기 위해서라도 전략 점포인 플래그숍이 필요한 업체를 많이 발굴하는 것이 시행 분양사 MD 담당자들의 또 다른 능력이 될 것이다.

넷째, 새로운 상권보다는 잘 알려진 상권과 상가를 선호할 것이다. 소비자는 자기보호 심리로 인해 새롭게 알려진 곳보다는 이미 검증된 곳에서 안전함을 느낄 가능성이 높다. 집과 인접한 상가를 이용하는 것도 그런 심리적인 결과로 봐야 한다.

마지막으로 교외형 상가가 활성화될 것이다. 코로나19 이후의 변화

중 눈에 띄는 것이 실내 운동보다는 등산과 같은 실외 활동이 증가했다는 것이다. 따라서 개인, 가족 중심의 교외형 맛집들은 전례 없는 호황을 누리는 곳이 많은데, 이와 같은 현상은 당분간 지속될 것으로 예상된다.

3장

대한민국 상가와
상권의 이해

상권 구조의 이해는
상권 분석의 출발

상권 이론 중에 '중간저지성'이라는 게 있다. 큰 상권으로 고객이 유입될 때 작은 상권이 주거지 인근에 위치한다면 큰 상권으로 가는 고객들의 길목을 중간에서 차단·저지할 수 있는 힘을 말한다. 우리의 도시 상권은 인구가 집중되고, 상권과의 경계 거리가 크지 않기 때문에 중간저지성이 커지는 경우도 있지만, 오히려 큰 상권에서 고객을 빨아들이는 '빨대효과'가 커지는 경우가 더 많다.

신도시 상권의 고객이 단지 내 상권보다는 근린상가를 이용하고, 근린상가보다는 중심 상업지역으로 상권의 쏠림 현상이 업종에 따라서 나타나는 것도 일종의 빨대효과 때문이다. 상권의 중간저지성은 오히려 역으로 나타날 수 있다는 이야기다.

우리의 도시 상권을 이해하고, 선택 상권을 분석하기 위해서는 이론 공부 못지않게 선택 상권과 함께 인접한 도시 전체 상권의 구조까지 이해해야만 제대로 된 상권 분석을 할 수 있는 경우가 많다. 이제 상권 구조에 대한 예를 들어보자.

첫 번째 예는 김포시다. 2020년 4월 30일 기준 김포시의 인구는 445,425명이고, 세대수는 178,668세대다. 10년 전인 2010년 4월 30일 기준 인구는 229,497명, 세대수 87,326세대로 10년 사이에 인구수 대비 94%가 증가해, 김포시는 인구 증가율에 있어서 경기도에서 가장 높은 성장률을 보였던 도시다. 상권 구조를 보면 48번 국도를 따라서 고촌, 풍무, 사우동(김포본동), 장기지구, 운양지구, 구래동, 양촌으로 상권이 분산된 구조를 가지고 있다.

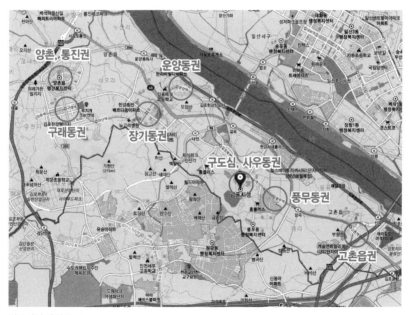

김포시의 상권 구조

김포시는 인구가 10년 사이 100% 가깝게 증가했지만, 한강과 산재한 군사시설, 개발제한구역으로 인해서 도시가 집중되며 발달한 것이 아니라 각 권역별로 발전한 것이 특징이다. 따라서 김포 지역은 도시철도가 개통된 이후 상권 성장을 좀 더 지켜봐야 하지만, 도시가 더욱 밀착해 발전할 때까지는 향후 상권도 각 권역별로 발전할 가능성이 커서 상권 분석은 선택한 상권에 집중해 평가를 할 필요성이 있다.

두 번째 예는 위례신도시다. 강남권 자족 도시를 목표로 개발된 위례신도시의 경우, 같은 위례동의 이름을 사용하면서 서울시 송파구, 성남시 수정구, 하남시로 나눠진다. 세 개의 도시가 하나의 신도시로 형성된 지역이지만 상권 구조는 위례 중앙타워가 있는 지역에 중심 상업지역이 있고, 남북으로 트램라인을 따라서 주상복합 상권이 나열된 일자형 상권 구조다. 여기에 남쪽 상가주택지역과 동쪽 약 8,000여 세대 규모의 항아리상권인 근린상업지역이 있는데, 이곳 상권의 입점 업종들 중에는 중심 상업지역과 경쟁할 학원, 병원들은 근린상업지역 상권이 중간저지성을 발휘하지 못해서 위례중앙타워 상업지역으로 집중되는 경향이 뚜렷해지고 있다. 특히 이런 상업지역과 주상복합이 연결된 일자형 상권 구조의 경우 상가의 입지 차이는 크지 않지만 공급이 넘칠 경우 공실은 다른 신도시보다 많아질 수밖에 없는 구조인데, 실제 수도권 신도시 중 가장 몸살을 앓고 있는 상권이 바로 위례신도시다.

세 번째 예는 미사강변도시다. 하남에 위치한 미사강변도시는 서민 주거 안정에 목적을 두고 설계된 공공주택지구다. 공공주택지구로 지정되어 도시가 설계된 곳의 경우 입주가 다른 신도시보다 빨라서 상권 정착 또한 빠른 것이 특징이다. 이 지역의 상권 구조의 특징은 중심에 상업지구를 두고 북쪽과 남쪽에 하나씩 근린상업지역이 있고, 도시의 남쪽에는 자족 기능인 지식산업센터가 배치된 구조라는 점이다. 최근 10년 사이에 입주가 시작된 신도시 중에서 미사강변도시는 좁은 도시 지역에 아파트가 집중되어 입주가 빨랐던 북쪽 근린상가의 경우 상권 활성화를 촉진해 수도권 신도시 중 가장 빠른 상권 정착을 보여줬다. 이에 비해서 남쪽 근린상권은 주거지가 분산되고, 민간분양 아파트가 많은 영향과 자족 기능 입주에 시차적으로 차이가 있다 보니 상가 시행은 마무리 단계지만, 상권 활성화는 북쪽 근린상가보다는 늦어지고 있다.

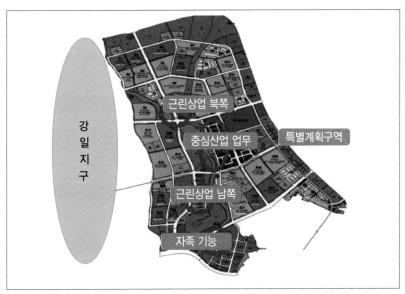

미사강변도시의 상권 구조

상가 이해 당사자는 누구인가?

　신도시나 택지지구에 상가 투자나 창업을 할 때 상가 분양가와 임대료에 대해 이해하기 위해서는 상가 시장 이해 당사자들이 누구인지를 인식할 필요가 있다. 상가 시장에는 여러 이해 당사자들이 있지만 대표적으로는 택지공급사, 상가 시행사, 상가 분양사, 부동산 신탁사, 상가 투자자, 상가 임차인(세입자)이 있다. 그럼 각각의 이해 당사자들에 대해 살펴보자.

택지공급사

　우리나라의 경우 LH나 지역도시공사가 주로 이 역할을 한다. 신도시나 택지의 용지조성사업을 진행하고, 도시 목적에 맞는 개발이라는 목적이 있지만, 사실 이들의 이해관계는 용지를 공급예정가보다 얼마나 더 높게 팔수 있느냐에 따라서 수익이 높아지는 특징을 가지고 있다. 택지공급사로서는 적기에 용지공급 공고를 하고 입찰을 하게 될 때 가장 높은 수익을 얻게 된다. 실제로 이런 문제는 상권의 소비자인 배후세대가 입주하지 않은 상황에서 상가용지를 공급하고, 시행이 진행되어 입주가 진행되면서 공실이 장기화되는 원인이 되기도 한다.

상가 시행사

상가 시행사의 가장 큰 목표는 공사기간 안에 마무리하고 빠른 분양을 해 투자금을 회수하는 것이다. 수익형 부동산 경기가 한창 좋을 때인 2015년에는 상가 사용 승인(완공) 이전에 완전 분양을 이룬 곳도 어렵지 않게 볼 수 있었다. 상가 시행사가 토지대금을 택지공급사에 완납하게 되면 토지 사용 승인이 나고, 자금관리를 할 신탁사 지정을 하고 시청으로부터 분양승인을 받게 되면 건축 시작과 동시에 분양이 시작된다. 가끔은 시행사에서 과욕을 부려서 특별하게 디자인 설계된 상가를 시행하겠다고 하다가 분양가가 올라가고, 공사 시기가 늦어져서 애를 먹는 경우가 발생하기도 한다. 상가 시행사는 어찌됐든 예정된 공사기간 안에 상가를 건축하고, 빠른 분양을 이루는 것이 최상의 목표다.

상가 분양사

상가 분양사에게는 상가 시행사와 마찬가지로 빠른 분양을 이루고, 여기에 높은 분양 수수료를 받을 수 있다면 최상의 결과다. 빠른 분양과 높은 수수료가 최대의 목표지만, 입주 시까지 분양을 하지 못할 경우에 상권이 활성화되지 않아서 상가 투자자들에게 시달림을 당하는 경우도 있다. 따라서 상가 분양사들이 임차인을 맞춰서 상가 활성화를 염두에 두지 않고 빠른 완판 후 현장을 떠나기 위해서 수단 방법 가리지 않고 분양에 나서는 것도 이런 이유였다. 이런 이유로 매체 노출을 포함한 대규모 광고 때문에 분양 노출은 쉽게 되지만, 임대 등을 맞추는 작업을 소홀하게 할 경우 상권이 활성화되지 않아서 상가 투자자는 낭패를 보게 된다. 그러나 2018년 이후 대부분 분양사의 경우 분양률이 저조해 상권 활성화에 기여할 수 있는 집객력 높은 업종을 선임대로 맞춘 뒤 나중에 분양을 진행하는데, 이는 상가 투자자 입장에서는 다행스러운 현상이다.

부동산 신탁사

사업시행 이후 분양 과정에서 행정적인 업무와 함께 시행사의 자금과 분양업무 관리를 담당하는 게 신탁사다. 신탁 계약 종료 이후 신탁 수수료가 신탁사의 수익원이다. 상가분양에서 신탁사의 역할은 분양업무 완료 시기까지 상가 투자자의 분양 금액을 안정적으로 관리해 시행사의 방만한 자금집행으로 인한 위험요인을 관리하는 것이다.

상가 투자자

신도시 상가들의 동시 시행과 분양이 늘어나면서 상가 투자자들의 가장 큰 목표는 공실 없이 안정적인 수익률로 임대를 맞추는 것이 되었다. 이를 위해서는 합리적인 분양가 여부와 어떤 업종을 유치할 것인지에 대한 검토가 필요하고, 이 경우 주변 상가보다 싸게 분양을 받는 게 중요하다. 이 과정에서 동시 분양 상가가 집중된 지역일수록 다양한 변칙적인 분양 방법이 동원되므로 주의를 기울여야 한다. 특히 제대로 된 배후세대 형성이 이루지지 않은 상가 물건은 주의해야 한다. 근린생활용지는 일반적으로 아파트와 인접해 주민생활 편의업종으로 입점하기 때문에 공실률은 낮은 게 일반적이다.

상가 임차인

좋은 상권에서 낮은 임대료로 오래도록 장사하는 게 상가 임차인의 희망이다. 최근 상가 시장에서는 공급 상가 과다로 인해서 장기 렌트프리를 조건으로 내건 상가들이 많이 나타나는데, 중요한 것은 렌트프리가 끝나고 계약 임대료로 장사하는 데 무리가 없어야 한다는 점이다. 그러나 최근 상가 시장의 장기 렌트프리는 미분양 물건을 떨어내기 위해서 높은 수익률에 맞춰서 렌트프리 조건이 무리하게 설계되어 있으므로 주의가 필요하다. 중요한 것은 임대료가 현실성에 맞는가, 아닌가라는 점을 명심해야 한다.

상업용지 비율이 낮으면
좋은 상권인가?

 구분상가가 많은 신도시 지역에 상가 투자나 창업을 검토할 때 지역 부동산 중개업소나 분양 업체를 방문했을 때 종종 듣는 이야기 중 하나가 상업지역 비율이 몇 %로 낮아서 상권 경쟁력이 높다는 것이다. 이는 우리나라 사람들이 숫자에 취약하고, 일단 통계나 데이터는 그것이 어떤 과정을 거쳐서 가공되었는지에 대해서는 크게 관심을 두지 않고 믿게 되는 심리를 이용한 측면이 크다. 상업용지 비율이란 신도시를 계획하면서 각각 토지 용도를 배분해 비율로 나타낸 토지이용계획표상의 비율을 이야기한다. 그렇다면 이 상업용지 비율을 어떻게 이해해야 할까?

 신도시는 도시 개발 목적이 다르고, 우리 국토가 그렇지만 지형적 환경에 큰 차이가 있고 숨어 있는 다른 용도에도 상가가 입점하는 경우가 많다. 신도시 토지이용계획표 중 일부를 살펴보자(※일부 오차가 있을 수 있다).

신도시별 토지이용계획표 부분 비교

마곡지구(SH공사기준)

구분		면적(㎡)	비율(%)
주택용지	단독주택	4,247	0.1
	공동주택	498,841	16.1
소계		595,267	16.2
상업용지	일반상업	82,806	2.3
업무용지	업무용지	305,302	8.3
산업시설	산업시설	729,247	19.9
지원시설	지원시설	81,835	2.2

세종시(32차 변경안 기준)

구분		면적(㎡)	비율(%)
주택용지	저밀	3,957,479	5.4
	중저밀	2,786,141	3.8
	중밀	7,130,563	9.8
	고밀(도심형)	661,572	0.9
소계		14,535,755	19.9
상업업무용지		1,632,597	2.2
산업용지		784,363	1.1
공원녹지		38,066,223	52.2
시설용지 행정 청사 외		16,843,488	23.1

김포한강신도시

구분		면적(㎡)	비율(%)
주택용지	단독용지	556,919	5.1
	공동주택	3,028,648	27.8
	근린생활	83,525	0.8
소계		3,669,092	33.7
주상복합		122,652	1.1
상업용지		197,504	1.8
문화예술		18,865	0.2
업무용지		92,312	0.8

먼저 살펴볼 것은 서울 시내에 첨단산업단지를 유치해 도시 자생력을 높인 마곡지구의 사례다. 마곡지구의 상업용지 비율은 여타 신도시와 크게 다르지 않은 2.3%지만, 이 중에서 업무용지는 8.3%로 이 용지에는 상층부에 오피스와 오피스텔, 저층부에 일반적으로 상가들이 들어오게 된다. 산업시설용지 19.9%는 마곡지구 특징인 기업이 입주하는 부지 비율이다. 특히 이 중에 도시기반시설용지는 48.9%로 절반 정도를 차지하는데, 여기에 근린공원과 연결녹지 비율이 19.6%로 토지이용 비율에서 공원과 녹지 비율에 따라서 다른 용지 비율이 높거나 낮게 보인다는 점을 주목할 필요가 있다(위 표에서는 제외).

다음은 수도권 분산이라는 목적을 가지고 개발된 행정중심 복합도시 세종시의 사례를 살펴보자. 세종시의 상업업무용시설은 역시 마곡지구와 크게 다르지 않은 2.2%로 구성된다. 그러나 현재 세종시 상황을 보면 아파트 단지 내의 스트리트형 상가와 오피스 건물의 연도형 1층 상가의 규모도 만만치 않게 분포하고 있어서 숨어 있는 상가의 분포로 볼 수 있다(주택용지에 숨어 있음). 또한 공원, 녹지 비율이 다른 신도시에 비해서 대폭 높아진 것은 주민들의 주거환경 개선에는 좋지만, 과도하게 공급된 상업용지의 비율이 낮게 보일 수 있어서 일반인들이 보기에 상가 공급이 적을 것이라는 착시 효과를 일으킨다.

실제 위 표에서 김포한강신도시의 경우 근린생활시설용지는 주택용지에 포함되어 있고, 주상복합용지 저층부는 상가고, 업무용지 일부에도 상가들이 구성되어 있다. 이와 같이 신도시 상가를 평가할 때 상업용지 비율은 물론 낮을수록 좋겠지만, 단순히 비율만으로 판단하기 전에 다음과 같이 몇 가지 조건들을 이해해야 한다.

신도시는 개발 목적이 모두 다르다

신도시는 개발 목적이 모두 다르기 때문에 동일한 기준으로 비율을 정하기는 어렵다. 또한 최근 신도시 추세가 과거 주택공급 중심에서 자족 기능 비율을 높이는 도시 균형발전으로의 관심이 높아졌는데, 이는 장기적으로 상권 활성화에 도움이 된다.

공원, 녹지 비율은 동일한가?

이것은 공원, 녹지 비율을 결정하는 요소로 이 비율이 비슷하지 않고서는 상업용지 비율은 공원, 녹지와 비교해서 현격한 격차를 드러낸다. 즉, 호수나 산이 신도시에 포함되는 지역은 당연히 공원, 녹지 비율이 높지만 이에 비례해 다른 용지 비율은 낮게 나온다. 앞의 사례에서 마곡지구와 세종시의 공원, 녹지 비율은 큰 차이를 보인다는 점을 알면 쉽게 이해가 된다.

상가용지는 상업용지에만 있는 것이 아니다

신도시 토지이용계획표를 살펴보면 상업용지 비율로만 상가 규모를 따지지만, 근린상업지역은 상업시설로 분명히 표기가 되는 경우가 있고, 근린생활시설이라는 항목으로 주택비율에 포함시키는 경우도 있다. 또한 준주거용지, 업무용지의 일부, 이주자택지의 상가주택들도 상가들이 진입하는 용지다.

신도시 상권은 도시 전체 상권 구조를 이해해야 한다

모든 신도시가 비슷한 것 같지만, 도시의 개발 목적에 따라서 용도지역의 배치가 달라서 상권 구성도 다르게 나타난다는 점을 이해해야 한다. 먼저 마곡지구는 5호선과 9호선 지하철역을 중심으로 상업업무용지를 배치하고, 주거지역은 도시 경계 지역에 배치했으며 산업시설은 지구 중심에 배치한 구조다.

이에 비해서 세종시는 중심에 중앙행정타운과 중심 상업지구를 배치하고 한누리대로와 금강을 중심으로 각각 생활권이 구분되고, 이 생활권이 다시 7,000~1만 세대 전후로 소생활권으로 구성된 구조다. 따라서 초기 상권도 주거 안정성이 높은 지역을 중심으로 생활권 단위로 발전했고, 향후 이 생활권 단위가 안정화된 이후 중심 상업지구 상권이 활성화될 것이다.

이렇게 신도시는 상업용지 비율이 중요한 것이 아니라 도시의 개발 목적에 따른 용도의 배치, 각각 용도별 비율, 숨어 있는 상가 지역, 상권의 구조를 이해해야만 앞으로 상권이 어떻게 안정화를 찾을지와 선택 상가의 경쟁력을 확인할 수 있다.

상가 분양가와 임대료는 어떻게 결정되나?

상가 시장에서 투자자들이 착각하는 것이 분양가가 비싸면 좋은 상가라고 생각하는 것이다. 상가 시장에서 분양가가 어떻게 형성되는지 알게 되면 비싼 상가는 그야말로 비싼 상가일 뿐이다. 상가 분양가의 구성 요소를 살펴보면 다음과 같다.

> 토지 비용+건축 비용(인허가+설계감리비+건축비용으로 구성)
> +시행사 운영비+분양대행 수수료+신탁사 수수료+시행사 마진+기타 예비비
> **=상가 분양가**

이것을 부동산 가격으로 단순화시키면 토지 비용+건축 비용으로 구성되고 수수료, 운영비, 마진, 기타 예비비는 건물 가격으로 본다. 따라서 상가 분양 시 가격 배분을 보면 일반적으로 토지 가격(40%), 건물 가격(60%)으로 구성되고, 이 중 건물 가격에만 부가세가 부과된다. 상가 분양가에서 운영 경비, 실제 건축비, 수수료, 시행 마진은 사업장에 따라서 비슷한 수준이고, 상가 분양가의 높고 낮음은 결국 토지 가격이 좌우하게 된다. 이 토지 가격은 택지 공급사인 LH나 지역도시공사들이 토지 보상가+기반 조성비+운영비+이윤을 붙여서 공급 예정가를 책정하게 된다. 이를 토대로 각 상가 부지를 택지 공급사가 아파트 입주 시기, 상권 예상 형성 시기에 맞춰 입찰을 하게 되고, 최고가 낙찰제로 결정한다. 만약 공급 예정가가 평당 1,000만 원인데 300~400%까지 낙찰가가 높아진다면 상가 분양가도 그만큼 올라갈 수밖에 없는 구조라는 이야기다.

예를 들어 세종시의 2011년경 최초 상업용지 분양가는 가장 저렴했던 곳이 평당 700만 원 이하 공급 예정가 정도에서 낙찰이 이루어졌다. 그러나 불과 3년여가 지난 2014년과 2015년경 이 지역의 상업용지와 근린생활용지의 낙찰가는 무려 공급 예정가에서 400% 가까이 치솟아 평당 4,000만 원에 낙찰되었다. 상업용지의 경우 세종시 피크 시점과 비교하면 최대 4~5배 정도가 높아서 결국 이것은 고스란히 분양가에 반영되었다고 본다. 결국 토지 대금을 높게 지불했으니 분양가도 높아질 수밖에 없었다.

현재 높은 임대료로 공실이 발생하고 있는 신도시 대부분은 상가용지 가격이 높아서 높은 분양가가 형성된 것과 과잉 공급에도 그 원인이 있다. 상가용지의 높은 분양가로 인해 상가 분양을 통해서 수익을 회수하는 상가 시행사로서는 각 층별 상가의 분양가를 어떻게 책정해야 할지 어려움을 겪는다.

과거 본격적인 고분양가가 시작되기 전인 2005년도 이전의 경우, 상업 지역의 전체가 상가로 구성된 올(all)상가의 경우 1층의 분양가는 평당 토지 가격의 1.5~2배 수준으로, 예를 들어 평당 1,500만 원 토지 가격이 형성된 지역이라면 1층 분양가가 평당 2,300~3,000만 원 전후였고, 2층의 경우 1층 금액의 30~40%에 형성되었다. 또한 상층부로 갈수록 2층 기준 가격의 10% 전후에서 가감이 이루어졌다. 그러나 최근 몇 년 사이 공급되었던 신도시 상가의 토지 가격이 평당 3,000만 원 많으면 4,000만 원을 넘어서면서 시행사에서도 분양가를 책정하기가 혼란스러워졌다. 그도 그럴 것이 땅값이 4,000만 원이라면 1층 분양가가 평당 6,000만 원을 넘어서야 하는데, 이 경우 상가 투자자의 선택이 어려워진다. 과거 상가 분양가를 배분하는 방법보다는 전체 층에 분산 배분하는 방법을 사용한다. 이런 고분양가의 전체 층 분산은 상가 투자자에게는 본인이 선택한 층의 해당 구분상가에서 수익률을 얼마나 올릴 수 있는지 세심한 평가를 필요로 한다.

상가용지 가격이 높지 않던 과거 2000년대 중반 대출 금액을 감안하지 않은 상가 수익률은 약 6% 전후였지만, 지금은 4%대가 일반적이고 낮은 경우 3% 전후를 보장받기도 어려워진 곳이 많다. 그러나 지역에 따라서 3층 이상 업종에서 경쟁력을 가지고 있는 병의원, 치과 , 학원의 경우 입점 경쟁이 치열해지고, 또한 대형 면적의 개원이 늘어남에 따라서 임대료는 오히려 높아지는 등 임차인들이 적정 임대료인지에 대한 평가가 필요해졌다. 이는 과거 메디컬이 보통 3층에서 시작했다면, 높은 분양가로 인해 현재는 4층 내지 5층 이상 상층부에 개원하는 원인이 되었다.

높은 분양가로 인해서 잘못하면 일부 층은 분양이 되더라도 공실로 가거나 일관된 MD 구성에 어려움을 겪어 상권 형성에도 문제가 발생할 수 있다. 높은 분양가에 따른 높아진 임대료는 아무리 좋은 상권, 입지라도 장기 공실을 촉발할 수 있는 원인이 되고, 상가 투자자들로서는 수익률을 보장받기가 더욱 어려워지게 된다. 따라서 상가 투자자는 부동산의 가치에 집착하지 말고, 임차인이 정상적으로 입점할 것인지에 초점을 맞춰서 상가 분양가와 유치 예상 업종에 맞는 적정 임대료가 가능할 것인지를 염두에 두고 결정해야 한다.

대한민국의 상권은 3,000개

　대한민국 상권은 몇 개쯤 될까? 오랫동안 사용했던 전통적인 상권 범위에 대한 이론은 일반적으로 다음과 같이 상권을 분류하고 있다. 1차 상권은 500m 이내 도보 10분 거리에 위치한 지역으로 고객의 약 70%가 이곳에서 점포를 찾고, 2차 상권은 1,000m 이내 도보 20분 거리로 약 20%의 고객이 있고, 3차 상권은 1,000m와 도보 20분 초과 거리로 고객의 10%가 찾는다고 한다. 이게 정확한 구분인지는 모르겠지만, 아무튼 이렇게 기계적으로 구분해왔다.

　일반적으로 편의품과 같은 업종은 1차 상권 중심에서 소비가 이루어지고, 선매품과 같은 제품은 3차 상권 바깥에서 소비의 선택이 이루어져서 상권 범위가 넓어진다고도 이야기한다. 그러나 카드 소비의 일반화로 고객 정보 분류가 빅데이터를 통해 가능한 시대이지만 상권 현장에서 소비자가 어디서 어떻게 오는지 명확치 않고, 도시 상권이 모두 연결되고 콤팩트하게 짜여 있기 때문에 이 경계를 가르는 것은 어렵다.

더구나 지방으로 갈수록 도시 간 경계가 불명확하고, 짧게는 수 킬로미터 넓게는 수십 킬로미터가 하나의 상권 범위에 포함되는 업종과 상가들은 늘어나고 있다. 상권 범위를 이해하기 위해서 우리가 가장 많이 사용하는 소상공인 상권정보시스템(http://sg.sbiz.or.kr)을 살펴볼 필요가 있다.

이곳에서 상권 분석을 위해 가장 먼저 하는 작업이 선택 입지를 기반으로 상권 범위를 어떻게 할 것인지 설정하는 것이다. 상권 범위 조건을 보면 ① 임의의 범위를 원으로 그리기 ② 100m~최대 1,500m까지 반경 범위 설정 ③ 다각형으로 직접 그리기 ④ 일정 상권 블럭을 지정하기의 방법으로 선택하도록 되어 있다.

개발자 입장에서는 국내 상권이 도시를 중심으로 형성되고, 상권 간 경계가 불명확한 점을 염두에 두고 상권 분석을 하는 주체가 직접 입력하도록 한 것에 분명히 의미가 있다. 그러나 이것 역시 상권 초보자에게는 원을 그리거나 범위를 정하고, 본인이 생각하는 상권 범위를 직접 그리거나 블록을 지정해야 하는 작업이 만만치 않다. 더구나 범위를 잘못 설정하고 상권 분석을 진행한다면 이 역시 여간 낭패가 아니다. 뭔가 상권 초보자들에게는 상권을 이해할 새로운 기준이 필요하다. 그래서 나는 우리나라의 지방행정 체계를 가지고 상권을 살펴볼 필요가 있다고 생각한다.

우리나라의 지방행정 체계는 일부 도시의 행정구역 간 경계가 불분명한 곳도 있지만, 국민들의 생활 편의를 기준으로 지방행정 체계를 개편해왔다. 2019년 12월 31일을 기준으로 우리나라 행정체계는 특별시, 광역시, 도가 17개이고, 기초 자치단체인 시, 군, 구가 226개(시 75개, 군 82개, 구 69개)이며, 제주특별자치도지사가 임면권을 갖는 제주시와 서귀포시의 2개 행정시가 있고, 선출직이 아닌 시장이 임면권을 갖는 행정구가 32개 있다. 다음으로 최말단 행정조직인 읍, 면, 동은 3,491개(읍 230개, 면 1,182개, 동 2,079개)이다. 마지막으로 주로 관할 지역이 넓은 경우 보조적으로 설치하는 출장소 80개(시도 7개, 시군구 13개, 읍면 60개)를 두고 있다.

여기에서 말단 행정조직인 행정동은 도시지역에 설치하고, 인구 규모는 주거지역의 경우 지역에 따라서 큰 편차가 있지만 1~3만 명 전후로 구성된다. 이에 비해서 읍 단위는 수도권 인근이나, 일부 지역의 경우 1만 명을 넘어가지만, 지방의 경우 기초지방자치단체 군청이 소재한 지역 외의 읍 단위는 1만 명이 채 되지 않는 곳이 대부분이다. 마지막으로 면 단위 역시 수도권 인근을 제외하고 지방으로 갈수록 전체 인구가 1,000명이 채 되지 않는 곳이 많고, 이조차도 소비력이 취약한 60대 이상이 50% 이상을 점유하는 곳이 많다.

말단 행정조직인 읍, 면, 동은 행정조직이자 주민생활의 근접 소비지역으로 1차 상권을 구성하는데, 이 중 지방 시, 군 지역의 아래에 있는 읍과 면은 군 단위 상권이나 시 단위의 행정동 상권에 흡수되는 경우가 많아서 넓게는 수 킬로미터에서 10km가 넘어가는 상권 범위를 이루는 지역도 상당수다. 물론 도시의 상업 지역의 경우 행정동 하나에 몇 개의 상권이 구성되기도 하지만, 행정동 몇 개가 중복되어 하나의 상권이 형성되는 동네 상권 또한 만만치 않은 숫자다.

종합하면 지역 단위 1차 상권은 말단 행정체계인 읍, 면, 동을 기준으로 상권을 분류한다면 국내 상권의 숫자는 행정동과 단일 상권에 흡수되는 읍면 지역을 고려했을 때 우리나라 전체 상권의 숫자를 약 3,000개 전후로 추정해볼 수 있다.

4장

상가 투자와
창업을 위한
상권 분석

인구, 세대수, 주거 형태
조사평가 방법

　주거 인구, 세대수, 세대당 인구가 의미하는 것은 무엇일까? 상권 조사에서 인구 조사는 상권의 소비자에 대한 조사로 창업자뿐만 아니라 상가 투자자에게도 중요하다. 창업자는 핵심적으로 소비할 인구 규모와 연령층을 확인하는 작업이고, 상가 투자자는 상권에 적합한 업종 유치를 통한 상가 수익률을 유지하기 위해서 조사가 필요하기 때문이다. 지방 도시의 경우 지역에 따라서 해가 갈수록 인구 감소가 두드러진다면 앞으로의 인구 규모를 예측함으로써 상가 유지나 매각, 창업자는 폐업 내지는 업종 전환 시점을 선택하는 기초 자료가 된다.

　인구 조사는 행정 자료를 통해 시군구 행정동 인구 조사로 진행하게 된다. 인구 규모, 세대수, 세대당 인구, 일정 기간 인구 변화, 연령별 인구 분석을 통해서 현재 상권의 상황과 앞으로 어떤 변화가 발생할지 유추할 수 있다. 인구 및 세대수, 안정적인 세대당 인구수가 유지되고 있다면 다양한 업종들의 진입이 가능해 상권도 활성화된다. 반대로 특정 연령대의 인구가 집중되거나, 취약한 세대당 인구를 유지하는 곳이라면 특정 타깃 고객에 적합한 업종만 유지된다. 다음의 표를 살펴보자.

전국, 서울시, 경기도, 인천시 및 관악구, 수원시 화성시 일부 인구 비교(단위:명)

항목	2019년 9월 30일			2009년 9월 30일		
	인구수	세대수	세대당 인구	인구수	세대수	세대당 인구
전국	51,849,253	22,380,985	2.32	49,711,355	19,192,676	2.59
서울특별시	9,740,398	4,315,921	2.26	10,228,160	4,116,591	2.48
경기도	13,207,219	5,443,375	2.43	11,402,705	4,332,099	2.63
인천광역시	2,956,804	1,232,450	2.40	2,703,325	1,022,386	2.64
관악구	502,117	268,226	1.87	532,511	242,271	2.20
수원시	1,196,074	497,746	2.40	1,074,942	407,628	2.64
화성시	803,252	322,141	2.49	482,505	180,796	2.67

항목	2019년 9월 30일			2009년 9월 30일		
	인구수	세대수	세대당 인구	인구수	세대수	세대당 인구
수원시 금곡동	45,835	16,580	2.76	36,722	11,501	3.19
수원시 호매실동	45,230	16,407	2.76			
비고	2016년 1월 호매실지구 금호동이 금곡동과호매실동으로행정동 분리가 되었다.					

항목	2019년 9월 30일			2009년 9월 30일		
	인구수	세대수	세대당 인구	인구수	세대수	세대당 인구
수원시 원천동	36,912	17,039	2.17	36,722	11,501	3.19
수원시 광교 1동	51,809	20,447	2.53			
수원시 광교 2동	27,829	10,616	2.62			
비고	2012년 12월 원천동이 원천동과 광교동으로 분동이 되고, 2015년 1월 원천동, 광교 1동, 광교 2동 3개 행정동으로 분동되었다.					

출처 : 행정안전부 주민등록 통계

표를 살펴보면 우리나라 인구는 10년 동안 210만 명 증가했지만, 세대수는 약 320만 세대가 증가했고, 세대당 인구는 0.27명이 감소해 1인 세대가 빠르게 증가하고 있다. 수도권의 경우 서울 인구는 10년 동안 약 48만 명이 감소한데 비해서 경기도는 180만 명, 인천시는 25만 명이 증가했고, 세대당 인구는 서울시의 빠른 감소에 비해 경기도와 인천시의 감소율은 낮다. 이것은 서울의 경우 가족 세대는 주택 가격이 싼 경기도와 인천으로 이주하는데 비해서 혼자 사는 1인가구의 증가폭이 커졌다는 것을 의미한다.

특히 서울의 경우, 25개 행정동 중 1인가구가 가장 많이 거주하는 지역은 관악구로 세대당 인구는 2명이 채 되지 않는 1.87명이다(2019년 9월 기준). 이 지역의 경우 대표적인 상권인 서울대입구역 상권은 기존 여관, 모텔과 상가 건물을 도시형 생활주택과 오피스텔로 재건축하는 경우가 많아졌다. 최근에는 신림역 모텔촌 또한 빠르게 도시형 생활주택과 오피스텔로 재건축되고 있다. 또한 가족 중심 음식점보다는 도시락, 배달음식점이 강세를 띄고 피트니스와 개인의 취미, 자기개발을 위한 업종들이 눈에 띄게 증가하고 있다. 메디컬의 경우에도 가족 중심의 내과, 소아청소년과, 산부인과는 감소하지만 피부과, 교정 치과 등 삶의 질을 높이는 과목이 증가했다. 배후인구 외 세대수의 변화는 건물주나 창업자 모두 새롭게 상업용 건물을 대하는 안목이 변해야 한다는 점을 보여주고 있다.

다음으로 경기도 지역의 인구 변화를 살펴보면 수원시의 경우 경기도에서 인구 규모가 가장 큰 지역으로 10년간 약 12만 명이 증가했다. 이 중 금곡동과 호매실동에서 54,000여 명이 증가했고, 앞서 표에서도 자세히 나타나듯 원천동에서 3개동으로 나뉜 원천동, 광교1동, 광교2동에서 97,000여 명이 증가했다. 영통구의 영통동 신설과 태장동이 망포1, 2동으로 나뉜 것을 감안하면 10여 년 동안 수원시 인구는 외부 유입보다는 도시 내 수평이동이 많았다고 볼 수 있다. 일반적으로 도시 내 인구 수평이동이 있을 때 이동하는 지역의 인구감소로 유출지역의 경우 구매력을 떨어뜨리기 때문에 지역 내 상가 투자나 창업을 하더라도 인구 이동과 변화를 관심 있게 살펴봐야 한다.

주택과 아파트 종류에 따른 배후세대 상권 평가

약 15년 전에 중랑구 면목동에 지역은행 지점 개설을 위한 상권 조사를 진행한 적이 있다. 면목동은 지금도 그렇지만 서울에서 대표적인 서민 주거 지역으로 다가구, 다세대, 단독 중심으로 이루어져 있다. 당시 의뢰를 한 지역은행은 서민 대상으로 금융 활동을 하는 곳으로 이후 이 지역에 출점해 현재도 안정적으로 영업 활동을 하고 있다.

이 상권 조사 경험을 약 5년 전 같은 지역에 삼계탕 집을 오픈하려는 업체의 상권 자문에 이용한 적이 있다. 지금은 삼계탕 한 그릇이 15,000원 가까이 하지만, 당시에도 13,000원 정도 하던 시기니 점심 한 끼 식사로는 부담이 되는 금액이다. 주변에는 3,500원 국밥집과 5,000원 내외의 찌개를 파는 식당이 즐비한 지역으로 지금도 가격 인상이 되기는 했지만 5~6,000원 수준을 유지하는 식당들이 많다. 이 상황에서 식사비용으로 3배나 비싸게 쓰겠냐고 업체로서는 걱정하는 것이 어쩌면 당연할지도 모른다.

그렇지만 소득 수준이 낮은 지역일수록 음식에 대한 선택권이 많지 않아서 보양식으로서 삼계탕은 계절을 가리지 않고, 특별하고 힘든 날에 찾는 대표적인 메뉴다. 이것은 수도권뿐만 아니라 지방의 경우 유명 보양식일수록 소득 수준이 높은 지역보다는 서민 거주 지역에 많이 분포하는 것도 그런 이유에서다. 나는 이 지역에서 삼계탕을 성공할 수 있으니 걱정하지 말고 적극적으로 출점하라는 조언을 했고, 결국 창업을 했다. 경기가 불황이고 소득 수준이 낮은 지역이라서 요즘은 타격을 받을 것으로 생각하지만 이 가게는 복날이면 길게 줄을 서고 비수기에도 경기가 좋을 때와 별반 차이가 없이 장사가 잘되고 있다고 한다. 다가구, 다세대, 단독이 많이 분포된 지역의 경우 소득 수준은 낮지만 주민들의 거주 기간이 길고, 소비 수준은 비록 낮지만 점포와 업종에 대한 충성도가 높다.

단독주택 지역도 지역에 따라서 차이가 있지만, 아파트 지역 인근의 근린상권에 상가 투자나 창업을 결정 할 때도 아파트 입주자의 수준과 소비 형태를 파악하고 결정해야 낭패를 보지 않는다. 소유를 기반으로 하는 공공분양과 민간분양 아파트의 경우 가족 세대의 안정적인 정착으로 소비 수준은 임대아파트보다 높은 것이 일반적이다. 이에 비해서 인접해 중심 상권이나 복합쇼핑몰이 있을 경우 중대형 아파트나 소비 수준이 높은 아파트 입주자는 중심 상권과 복합쇼핑몰, 백화점으로 쏠림현상이 강해서 근린상권 이용률은 떨어진다.

또한 도심지와 떨어진 민간분양 아파트의 경우 5,000세대 이상 비교적 입주 세대가 많은 단지라도 입주 1~2년이 지나도 미입주로 인해서 상권이 살아나지 않는 경우가 많다. 따라서 아파트 세대수에 대한 조사만 의지하지 말고, 아파트의 특징, 실제 인구와 입주 조사를 병행해 입주 세대수를 확인해야 한다. 구체적인 조사는 주민등록 인구수와 아파트 세대수를 비교해 추정한다.

또한, 정부가 서민과 저소득층을 위한 임대아파트 공급을 대폭 늘리면서 다양한 계층의 수요를 감당하기 위해서 임대아파트 이름도 다양해졌다. 2022년부터는 30여 가지 유형으로 나뉘어져 있는 임대주택 유형을 '통합 공공임대주택'이라는 명칭으로 통일한다고 한다. 다음은 현재 국내의 대표적인 임대주택의 유형이다.

국내 주요 임대아파트 종류	
아파트 종류	공급 목적
국민임대	무주택 저소득 주민의 주거 안정을 위해서 공급(전용 60㎡ 이하)
공공임대(리츠)	무주택 서민의 주거 안정을 위해서 공급(전용 85㎡ 이하) 리츠는 공공에서 토지를 민간에서 건축비를 출자하는 형태로 진행된다.
장기전세 (시프트)	서울시 장기전세가 대표적으로 청약저축 가입자를 대상으로 하고, 주변 시세의 80% 이하에서 결정된다.
영구임대	최저 소득 가정을 위한 임대주택
행복주택	젊은층, 신혼부부, 대학생, 청년층을 대상으로 한 주택. 주로 지하철역과 교통이 편리한 공유지를 활용해 건설하다가 최근에는 공공택지에도 시행한다.
민간임대	민간에서 시행한 아파트로 박근혜 정부의 기업형 임대주택인 뉴스테이가 대표적이다.

공공자금이 투자되어 건설된 임대아파트의 경우 분양아파트보다는 소비 수준이 떨어지지만, 분양단지보다 세대수가 많아서 가족세대를

구성한 입주자들의 경우 아파트 인근 근린상권을 중심으로 소비가 이루어진다. 상가 투자나 창업에서 임대아파트라도 이들 수준을 고려한 근린생활업종 유치를 염두에 둔 선택을 한다면 오히려 안정성이 높다. 그러나 신혼부부, 청년층, 대학생들이 입주자의 많은 수를 차지하는 행복주택의 경우 세대수가 많다고 하더라도 입주자들은 소비를 지역 내에서 하는 빈도가 떨어지기 때문에 편의점, 세탁 편의점과 같이 1인이나 신혼부부들의 이용 빈도가 높은 제한된 업종을 제외하고는 고전할 수 있다.

이에 비해서 노후 아파트들을 대상으로 한 재건축단지의 경우 일반적인 분양아파트보다 이전 실제 거주자의 상당수가 입주하게 되므로 신도시나 택지지구에 비해서 평균 연령대는 다섯 살 정도 높고, 초기에 대부분 입주하는 특징을 지니고 있다. 입주가 빠르면 단지 내를 포함한 주변 상권도 조기에 활성화되는 게 일반적이지만, 단지 규모가 클 경우 조합원 대상 상가들도 높은 분양가로 인해서 초기에는 높은 상가 임대료 때문에 고전하는 게 최근 수도권 재건축단지의 패턴이다.

그밖에 저소득층을 중심으로 한 영구 임대아파트의 경우 입주자들은 필수 소비까지 줄이는 경향이 있어서 역시 선택에 신중을 기할 필요가 있다. 영구 임대아파트와 국민 임대아파트는 잘 구분이 되지 않아서 면적과 임대료, 입주 모집 대상을 통해서 어떤 입주자인지 살펴볼 필요가 있다. 따라서 임대아파트 인근의 근린상가에 상가 투자나 창업을 할 경우 입주자의 특성과 소비 수준을 함께 고려해서 판단해야 한다.

주거인구와 직장인구의 평가

상가 투자와 창업에서 선택 상권과 상가를 이용하게 될 배후인구 조사에서 실질적으로 거주하는 거주인구와 상권 범위 내 직장인구 평가는 무엇보다 중요하다. 이 주거인구와 직장인구 조사에서 가장 많이 사용하는 것은 소상공인창업과 마케팅을 지원하기 위해서 만든 '소상공인 상권정보시스템'이다. 소상공인 상권정보시스템은 2000년대 중반부터 서비스를 시작해 계속 업그레이드되어 현재는 빅데이터와 결합해 효용성을 높이고 있다. 그러나 여전히 서비스 항목들 중 상당수는 사용자들이 신뢰성에 의문을 제기하는 경우도 많지만, 이 시스템을 초기부터 사용해본 경험으로는 인구 자료만큼은 약 90% 이상 근사치에 가까울 만큼 신뢰도가 높다. 일부 오차 발생은 조사 시점과 상권 범위 설정의 문제로 해당 상권의 인구 현황을 파악하는 데는 신뢰를 가지고 사용해도 된다.

소상공인 상권정보시스템 시작 페이지

애초에 소상공인을 위해서 만든 시스템이지만 이런 인구 분석에 대한 효용성으로 전문업종인 메디컬 개원과 상가 시행사에서 뿐만 아니라 기업에서도 폭넓게 사용되고 있다. 소상공인 상권정보시스템의 사용법은 독자 여러분이 직접 사이트(http://sg.sbiz.or.kr/main.sg#/main)를 방문해 경험해보길 바라고, 여기서는 조사된 현황을 어떻게 읽을 것인지만 설명하기로 한다.

2019년 가양 2, 3동을 배후로 둔 상가에서 치과 개원을 준비하는 예비원장님의 상권 분석 의뢰로 주거인구와 직장인구를 상권정보시스템을 사용해 조사한 적이 있다. 물론 개원 적합성 평가는 경쟁점 분포와 경쟁력, 상권 환경변수, 상가의 조건 등을 종합해서 판단해야 한다. 그

상권정보시스템에서 설정한 가양 2, 3동 상권 범위

러나 주거인구와 직장인구는 예상 환자 규모를 판단하는 중요한 항목이 된다. 다음의 지도는 가양 2, 3동의 상권 범위다.

가양 2, 3동은 서쪽은 서울 최대의 자족도시 마곡지구가 있고 전면도로인 양천로를 기준으로 북쪽은 가양 2, 3동, 남쪽은 등촌동으로 경계를 이룬다. 북쪽 한강변으로는 올림픽대로가 지나고, 양천로에는 대형마트인 홈플러스와 이마트가 있어서 지역 집객력은 그만큼 높은 상권이다.

상권정보시스템을 활용한 주거인구 평가와 읽기

다음 표는 상권정보시스템을 활용해 개원 시 충성도가 높을 것으로 예상되는 가양 2, 3동을 선택한 상권 범위 주거인구의 연령별 인구 분포다.

가양 2, 3동 주거인구 현황

지역	구분	가구수	인구수	성별		연령별						
				남성	여성	10대 미만	10대	20대	30대	40대	50대	60대 이상
가양 2,3동	수	14,517	31,821	15,059	16,762	1,482	1,338	4,140	5,985	3,579	5,303	9,994
	비율	100.0%	100.0%	47.3%	52.7%	4.7%	4.2%	13.0%	18.8%	11.2%	16.7%	31.4%

출처 : 소상공인 상권정보시스템(2019년 3월 기준)

먼저 이 상권 범위 조사인구 신뢰도를 확인하기 위해서 행정자치부의 2019년 3월말 인구와 세대수 규모를 확인해봤다. 가양 2동 인구수 15,473명에 세대수 8,091세대고, 가양 3동은 16,348명에 세대수 7,913세대로 가양 2, 3동을 합치면 인구수 31,821명 세대수는 16,004세대다. 앞의 조사표와 비교하면 인구수는 일치하고, 세대수에서 차이는 나지만 90.7%가 근접한다는 점을 감안하면 여러분이 다른 상권을 조사할 때 임의의 범위를 설정해 거주인구를 확인해서 그 숫자를 기준으로 상권의 추세를 파악하는 데는 무리가 없다.

그렇다면 위 거주인구 중 연령별 인구를 어떻게 평가할 것인가 하는 문제가 남는데, 대부분 초보자가 실수하는 것이 거주인구 조사를 한 뒤 이 숫자만 가지고 평가하고, 인구분포의 질에 대한 평가를 제대로 하지 못해서 엉뚱한 결정을 하는 경우가 많다는 것이다.

이 조사에서 가장 연령대가 높은 인구는 비경제 활동인구가 많은 60대 이상으로 31.4%에 이르는데, 가양 2, 3동에서 60대 이상 거주 인구의 특징은 어떨까? 이 조사범위 세대수는 14,517세대로 시스템은 100% 아파트 세대만 합산한 것으로 부동산 정보 사이트를 보조적으로 확인해보면 가양 2, 3동 아파트는 1990년대 초반 가양, 등촌 지구 개발에 따라서 입주한 곳으로 서민용 주공아파트에서 중대형 민간 분양 아파트까지 다양하다.

현재 60대 이상인 분들이 30대 중후반에 분양을 받아서 입주했다면, 현재 60세 이상이라는 것을 쉽게 추정해볼 수 있고 은퇴했거나 경제 활동을 하지 않더라도 비교적 경제적인 수준은 안정되었다고 볼 수 있다. 다음으로 높은 50대 연령대는 2000년대 전후 매입을 해 진입했다면 역시 안정적인 경제 활동을 해왔을 가능성이 높다. 이후 40대 비율이 떨어지는 것은 현재 50대, 60대의 이사 비율이 낮았거나 아파트의 인기가 높지 않았음을 의미한다고 볼 수 있다. 그렇다면 30대 이하는 어떻게 봐야 할까?

연령 분포에서 30대 이하는 결혼하지 않은 60대 이상 부모 세대와 함께 거주하는 층과 마곡지구 기업 입주로 새롭게 유입된 인구로 볼 수 있다. 20대는 취업 연령대가 높지 않다는 점을 감안하면 역시 50대와 60대의 자녀 세대로 볼 수 있고 10대와 10대 미만 비율이 낮은 것은 50대와 60대보다 현저히 낮은 40대 부모의 자녀들이라는 것을 유추할 수 있다.

가양 2, 3동의 거주인구 연령대는 치과 개원지로서는 임플란트 등 고가의 비보험 수요가 많은 50대, 60대의 거주인구 비율이 높고, 경제력 또한 안정되었다고 볼 수 있어서 거주인구 분포로는 안정적인 편이라고 평가할 수 있다.

직장인구가 얼마나 되나?

소상공인 상권정보시스템의 유용성은 직장인구의 분포와 함께 중소기업, 대기업의 현황까지 파악이 가능하다는 데 장점이 있다. 다음의 표는 소상공인 상권정보시스템에서 추출된 상권 범위 가양 2, 3동의 직장인구다.

가양 2, 3동 직장인구 현황

지역	구분	인구수	성별		연령별				
			남	여	20대	30대	40대	50대	60대 이상
가양 2,3동	수	10,598	5,411	5,187	1,566	2,846	2,622	2,220	1,342
	비율	100.0%	51.1%	48.9%	14.8%	26.9%	24.8%	21.0%	12.7%

출처 : 소상공인 상권정보시스템(2019년 3월 기준)

가양 2, 3동은 앞서 언급했듯이 2개의 대형마트가 있고 9호선 가양역, 증미역이 있으며 전면에 등촌동 SBS공개홀 등과 231개 중소기업이 입점해 있다. 양천로 전면 등촌로에는 병의원과 학원, 사무실, 풍부한 아파트 단지로 인한 소상공인 업종 또한 폭넓게 분포해 있다.

이 지역의 직장인은 약 10,598명 규모로 30~40대가 50%가 넘고, 50대와 60대순으로 분포한다. 연령별 분포의 예상 직업군을 보면 20대는 마곡지구 직장인과 소상공인 업종의 종업원 분포로 볼 수 있고, 30~40대는 직장인이나 전문직 종사자, 50대와 60대는 소상공인 사장님들의 분포가 높을 것으로 유추해볼 수 있다.

이 경우 치과로 본다면 30~40대의 경우 직장인, 전문직이라면 직장 근처에서 점심시간을 활용해 진료를 받을 확률이 높지만, 50~60대 소상공인 사장님이라면 오히려 주거지 인근 치과를 이용할 확률이 높다. 실제 소상공인 비중이 높은 50대, 60대가 많은 지역의 경우 상권 내 소비는 업종에 따라서 물론 차이는 있지만, 이들의 소비력은 주거인구에 비해서 높지 않은 특징이 있다. 이와 같이 주거인구든 직장인구든 숫자가 중요하지만, 이 숫자보다 더 중요한 것은 숫자의 의미를 정확히 읽는 것이다.

유동인구 조사를 통해서 얻을 수 있는 것은?

집회와 시위가 있을 때면 항상 논란이 되는 것이 경찰과 주최 측이 발표하는 숫자가 많게는 수십 배씩 차이가 난다는 것이다. 이렇다 보니 요즘에는 집회가 있는 날짜의 평균 지하철 승하차 인원을 가지고 추정하기도 하고, 주거인구가 아닌 일정한 시점의 생활인구 숫자라는 것도 사용한다.

상가의 상권 분석을 위한 유동인구 조사는 과거에는 일정 날짜와 시점을 정해서 해당 상권의 주요 지점에서 조사자가 직접 카운터하는 방법을 사용했다. 나 역시 과거에 이 조사 방법을 가지고 유동인구 조사를 했지만, 이런 아날로그 조사 방법은 실제 유동인구를 반영하는 데 한계가 있었다. 유동인구를 사람이 직접 조사하는 것은 계절, 날씨에 따라서 차이가 나고, 무엇보다 조사자가 정말 그 지점에서 시간을 충분히 가지고 조사했는지도 의문일 수밖에 없기 때문이다.

또한 최근에는 소비자 패턴이 같은 상권에서 유동인구 숫자가 많은 입지를 방문하기보다는 상권과 상가를 선택한 후 소비자가 선택한 입지를 찾아가는 비율이 높아지면서 유동인구 조사도 지점별 상권 조사가 아니라 상권 전체 유동인구의 볼륨을 합산해서 평가하는 추세다.

전체 유동인구를 반영하는 조사 방법은 소상공인 상권정보시스템에서는 국내 사용자가 가장 많은 SKT 이동통신 기지국 콜 수를 기반으로 2개 이동통신사의 시장 비율을 참조해 유동인구를 추정하는 방법을 사용한다(일반적인 도시 지역 SKT 기지국은 500m 반경 단위로 설치되어 있다). 그렇다면 SKT 기지국 반경 콜 수를 가지고 조사된 유동인구를 어떻게 해석해야 할까? 다음은 소상공인 상권정보시스템에서 가양역을 기준으로 도출한 유동인구 조사표다.

가양역 반경 500m 범위 내 유동인구 현황(단위:명)

월별 일 평균 유동인구 현황

지역	2019.01	2019.02	2019.03	2019.04	2019.05	2019.06	2019.07	2019.08	2019.09
가양역 중심	71,109	70,352	82,543	68,383	71,404	67,630	74,131	65,027	66,597

성별, 연령별 유동인구 현황

구분	일일	성별		연령별				
		남성	여성	10대	20대	30대	40대	50대
명	66,597	39,046	27,551	2,797	9,590	14,785	13,786	12,520
비율		58.6%	41.4%	4.2%	14.4%	22.2%	20.7%	18.8%

요일별 유동인구 현황

구분	주말/주중		요일별						
	주말	주중	일	월	화	수	목	금	토
명	110,680	357,744	52,473	71,793	74,132	74,131	66,677	71,011	58,207
비율	23.6%	76.4%	11.2%	15.3%	15.8%	15.8%	14.2%	15.2%	12.4%

시간대별 유동인구 현황

구분	일일	00~06시	06~12시	12~15시	15~18시	18~21시	21~24시
명	66,597	3,596	19,180	9,990	12,520	13,586	7,725
비율		5.4%	28.8%	15.0%	18.8%	20.4%	11.6%

출처 : 소상공인 상권정보시스템(2019년 3월 기준)

앞의 표를 읽을 때 유동인구는 SKT의 기지국 콜 수가 기반이 되므로 가양역을 중심으로 일어날 수 있는 모든 유동인구의 발생 원인이 모두 포함된다는 사실을 인식해야 한다. 즉, 도보 유동객, 양천로를 통해서 이동하는 차량 이용객, 가양역 승하차 인원, 가양역 주변 근무자, 주거 인구, 심지어 올림픽대로를 이용하는 일부도 포함되므로 유동인구 숫자가 100% 상권에 영향을 미치는 유동인구라고 보기는 어렵다는 점이다. 특히 고속도로 인근, 차량 이동이 빈번한 국도가 있는 지방 중소도시를 조사하다보면 이러한 착각이 발생할 가능성이 높다. 실제로 고속도로가 인접한 지방 면단위 상권 조사에서 유동인구가 과도하게 나오는 것도 이와 같은 원인이다. 따라서 소상공인 상권정보시스템으로 조사했다면 반드시 해당 상권이 어떤 특수성을 가지고 있는지 현장에서 직접 확인해야 한다.

그러나 이 조사의 수치가 유동인구의 많고 적음도 따지지만, 이 조사를 기반으로 한 성별, 연령별 유동인구는 타깃 고객을 설정하는 데 필요하고, 주중과 주말 이용객 현황은 어떤 요일을 휴일로 할지에 판단자료가 된다. 또한 시간별 유동인구 현황은 직원을 어느 시간에 집중 배치할지와 영업시간을 정하는 데 유용한 자료가 될 수 있다.

앞의 조사를 보면 업종에 따라서 차이는 있겠지만, 휴일은 유동인구가 가장 낮은 일요일이 유익하고, 저녁 6시~9시 사이 유동인구가 가장 높으므로 음식점이나 슈퍼마켓의 경우 이 시간대에 집중해 마케팅을 진행할 필요가 있다는 것을 말해준다.

상권 이해의 첫걸음 – 도로의 이해

2014년부터 '현장에서 상권을 배우자'라는 취지로 상가 투자자, 프랜차이즈 실무자들과 격월로 주말을 이용해 상권 투어를 5년째 운영하고 있다. 처음 상권 투어를 할 때 참석하신 한 분이 내게 현장에서 상권을 이해할 때 가장 먼저 확인할 것이 무엇인지 물었고, 나는 도로라고 대답한 적이 있다.

도로는 현대적 상권에서만 필요했던 것이 아니라 보부상이 다니던 조선시대에도 쉬어가는 중요 길목에는 국밥집들이 번성했던 것을 보면 사람 살아가는 것은 마찬가지였다. 그 대표적인 것이 금강산 가던 길목의 포천, 영산강을 이용해 호남 세곡을 실어 나르던 거점인 나주 곰탕집, 영남에서 한양으로 가던 길목인 곤지암 소머리국밥집, 충남과 호남 보부상의 거점이 되었던 홍성 소머리국밥과 천안의 아우내국밥 등은 지금도 그 이름값을 하고 있다.

현대에 들어와서 부동산적인 용어의 도로를 분류하고 있지만, 여기서는 상권으로서의 도로만 설명하려고 한다. 일반적인 도시 상권에서 도로는 어떤 의미일까? 도시 지역의 전형적인 중심 상권의 도로 구조를 살펴보자.

수도권뿐만 아니라 지방 중심상권의 구조는 가장 많은 대중교통이 지나고, 도로 이름에 '중부로', '중앙로', '도시이름+명' 세 가지중 하나가 붙은 이름이 가장 많다. 일반적으로 도시 중심도로에는 도시 주요 기능을 담당하는 업무용 오피스, 병원, 학원들이 상가의 상층부를 이루고 있다면, 저층부는 주로 브랜드 패션가가 입점하는 게 일반적이지만, 최근은 온라인구매와 대형 쇼핑몰로 인해서 패션가의 침체가 두드러지고 있다.

전면도로를 따라서 이면도로 가지길이나 도로 인접한 곳에는 지역의 대표 전통시장이 위치하고, 이 도로에 연결되거나 패션가와 연결되는 상권에는 10대, 20대 중심의 일번가 상권과 먹자골목 상권이 형성되는 게 일반적이다. 이 중 전통시장과 패션가가 활성화된 지역일수록 일번가나 먹자골목도 활성화되고, 이들이 침체하면 동반 침체한다. 따라서 전국 지방자치단체마다 구도심 상권의 활성화 사업도 상권의 일부가 아니라 전체적인 상권 관점에서 접근해야 성공 가능성이 높다.

동네 단위 상권을 살펴봐도 도로를 기준으로 상권이 형성되는 것은 크게 다르지 않다. 도시 지역의 경우 몇 개 행정동이 집중되는 도로에는 전자대리점이 입점하고, 병원급이 개원하고, 마을 입구 중에서 가시성 좋은 입지라면 아마도 배달 전문점 중에서도 가장 입지 선택을 잘한다는 도미노피자를 보게 될 것이다. 동네로 들어서면 마을버스가 하차하는 곳에는 연결되는 골목시장과 전면도로에는 의원급의 내과, 소아과, 이비인후과, 한의원과 치과가 있고, 저층부에는 분식집, 스낵, 이동통신사, 편의점들이 있으며 골목으로 접어들면 골목시장과 먹자골목으로 연결되는 이러한 구조는 중심 상권이나 동네 상권이나 큰 차이가 없다.

상가 투자나 창업을 할 때 관심을 가질 것은 선택한 상권과 입지에서 접하게 되는 도로의 상가들에 분포한 업종들이 어떤 타깃 고객을 상대로 하는지 조사할 필요가 있다는 것이다. 만약 같은 도로에서 상가들이 같은 층에 동일 업종이나 유사 업종이 많고 공실이 없다면 타깃 고객의 집객력이 높은 상권, 입지로 볼 수 있다. 반면에 이질적인 트렌드 업종들이 혼재할 경우 업종 간 경쟁이 약해서 좋은 상권, 입지라고 생각하기 쉽지만 오히려 집객력이 떨어져서 경쟁력이 떨어지는 경우가 많다. 상권에서 도로를 이해할 때 사람은 같은 도로를 다니면서 비슷하거나 동일한 목적으로 그곳을 다니지 전혀 이질적인 목적으로 접근하지 않는다는 사실을 이해하면 된다. 많은 상권 이론서에는 상권 활성화를 저해하는 요소들을 장황하게 설명하고 있지만, 초보자라고 해도 선택 상권에서 '나라면 이 상권, 상가를 이용할 것인지?' 그 이유를 스스로 찾아보면 해답을 쉽게 알 수 있을 것이다. 신도시의 도로 구조는 앞으로 여러 번 언급할 내용이라서 생략한다.

3

동선만 알아도
상권 분석 절반은 한다

상권 분석에서 중요한 사항 중 하나는 상권 활성화와 침체를 결정하고, 경우에 따라서는 특정 업종이 집중되는 배후세대의 이동 동선이다. 상권의 이동 동선이 어떻게 형성되는지에 따라서 상권 운명이 결정되지만, 새롭게 공급되는 상가의 경우 상권이 정착된 상황에서 이동 동선을 분석해야 하는 것이 아니라 상권이 미성숙하거나 아예 형성조차 되지 않은 상태에서 분석을 해야 하기 때문에 어려움이 있다. 일반적으로 상권에서 나타나는 다양한 동선의 특징을 정리해보면 다음과 같다.

차량 동선

일반적으로 도심지나 신도시의 중심 도로의 기능을 하는 경우 4차선 이상(일반적으로 6차선 전후가 많음) 도로가 해당되고, 최고 차량 속도가 60km 이상 유지될 수 있는 도로다. 차량 속도가 빨라서 상가 지역의 전면도로가 해당되므로 점포 규모가 일정 수준이 되지 않으면 가시성이 떨어져서 접근성 또한 떨어지는 게 일반적이다. 신도시의 경우 전체 주민들을 염두에 두고 MD 설계가 이루어지지만 고분양가, 차량 접근성 이외 접근성이 어려워서 전면보다는 후면 상가가 모두 채워졌는데, 전면 차량 중심 도로 상가는 장기간 공실이 발생해 낭패를 보는 경우가 있다.

도보 동선

대표적으로 대중교통 이용을 위해서 생활권에서 도로로 이동하는 동선과 근린생활시설로 접근하기 위한 동선, 산책과 운동을 위한 야간 동선으로 나뉜다. 대중교통 이용을 위한 동선과 근린생활시설로의 접근 동선은 주거지와 가까운 쪽이 상가의 안정성이 높고, 두 개의 동선이 겹치는 경우도 있다(여러 동선이 겹치는 상가가 좋은 상가다).

이에 비해서 산책과 운동을 겸한 동선은 특정 시간대와 계절에만 집중되고, 뚜렷한 목적을 가지고 이동하므로 상가는 구매로 연결되는 경우가 제한적이고, 녹지공원과 호수공원 진입로 주변에 형성된다. 상가 동선 경쟁력에서는 일반적으로 대중교통과 근린생활시설 접근 도보 동선과 차량 이동 동선이 복합적으로 형성되는 곳이 경쟁력이 가장 높다.

용도별 동선

신도시 상가 용도에서는 단지 내 상가＜근린생활시설(근린 상가)＜준주거 상가＜상업지의 순으로 상권 범위가 넓은 업종이 입점을 하며 업종에 따라서 집중되는 경우가 많다. 또 하나 관심을 가질 것은 신도시 상권에서 주거지 인근 도보 동선이 겹치는 것이 이주자택지 상권이다. 이주자택지 1층의 경우 일반적으로 40평 전후로 상가 지역의 임대료로 인해서 프랜차이즈 업체(주로 F&B)들은 상가 지역보다 이주자택지에 입점하는 경우가 많다. 이때 주민이 집중된 아파트 지역에서 대중교통 이용과 근린생활 이용 도보 동선상에 이주자택지가 위치해 있다면 이주자택지와 마주보는 근린생활시설 상가들이 활성화된다.

분양가 동선

건물 용도에 따른 상가 분양가의 차이, 토지 매입 시기에 따른 차이로 작은 도로 하나를 사이에 두고 1층 기준으로 평당 500만 원 이상 차이나는 경우가 있다. 대표적인 지역이 미사강변도시 중심 상업지역과 일반상업지역인 수변상가인데, 초기 분양가는 맞은편 중심 상업지역보다 1층 기준 평당 500만 원 이상 낮았다. 도로 하나를 사이에 두고 기준 층인 1층의 분양가가 차이가 난다면 중심 상업지역에서도 필수적인 중개업소, 편의점, 분식과 같은 필수업종들은 분양가가 싼 일반 상업용지의 상가에 입주할 가능성이 높다. 실제로 현재까지 이 지역에 입주한 업종들 중 부동산 중개업소의 입점률이 압도적으로 높은 것도 그런 이유에서다.

생활소비 동선

신도시를 계획할 때 도시의 안정성과 지속적인 발전을 위해서 업무와 자족 용지를 공급하지만 그 효과는 10여 년 이상 장시간이 흐른 뒤에 나타나고, 심지어 과잉 공급이 되었을 때 장기간 개발이 되지 못해서 애물단지가 되기도 한다. 따라서 도시의 강력한 소비군은 도시에서 거주하는 배후세대다. 배후세대가 생활에 필요한 소비를 하는 상가 지역은 일정한 패턴이 있고, 또한 상가 지역 내에도 생활소비 업종들의 동선이 일정한 패턴을 가지는 게 일반적이다. 배후세대의 생활소비는 비대면 소비가 많아져도 지역 상권에서는 대형슈퍼와 마트가 그 역할을 한다. 주로 상가의 지하층에 입주하거나 상가 1층 배후세대와 마주보는 후면부에 입점하고, 마트 소비자의 동선을 따라 1차 식품, 식료품, 스낵, 분식, 이동통신 대리점, 미용실 등이 입점한다.

음식점 동선

상가 지역의 경우 이면도로에는 음식점, 주점 등이 신도시의 경우 후면부 1층이나 전면부 2층에 전문음식점이 입점하는 것이 일반적이다. 그러나 분양가와 임대가 상승으로 고층부로 이동하거나 이주자택지로 이동하는 경향도 나타난다.

조망권 동선

녹지와 공원 비중이 커지면서 이로 인한 조망권이 좋은 상가의 경우 시행 분양사들이 높은 분양가로 집중 홍보한다. 이때 전면 녹지와 공원의 비중이 높을수록 장기적으로 상가의 유입력이 높은 상가도 있지만, 배후세대 접근성이 떨어지는 경우 활성화는 제한적이다. 실제로 이런 지역에 조망권만 믿고 투자하거나 창업했다가 낭패를 보는 사례가 많으므로 주의를 기울여야 한다.

학원 동선

대형 입시학원, 어학원이 입점하는 상가 지역은 서울의 대치동이나 중계동과 같이 전국단위 학원가도 있지만, 지역의 경우 도시 및 지역 단위로 학원가가 형성된다. 이런 지역의 경우 학생들을 소비층으로 해 예상 외로 학원과 시너지를 일으키는 업종들이 많다. 신도시 상가 투자나 창업을 할 경우 학원가가 어느 쪽에 조성되는지 눈여겨보고, 학생들의 이동 동선에 따라서 업종을 선택했을 때 의미 있는 결과를 볼 가능성이 높다. 도시 규모가 큰 지역일수록 학교와 주거지, 상가 지역의 위치, 예상 분양가만으로도 대형 학원의 입점 가능성 유무와 예상 입점 지역을 추론할 수 있다.

지하철, 철도 역세권이
형성될까?

지하철, 철도 역세권이 형성되기 위한 조건은?

지하철, 철도가 개통 예정인 도시나 지역에서 상가 투자나 창업을 결정할 때 지역 부동산 중개업소나 상가 분양사에서 역세권이 형성되면 대박이 날 것처럼 이야기한다. 심지어 역 개통 예정도 없는 지역에 앞으로 지하철역 예정이란 허위 정보를 유포해 수십 배 이익을 취하는 기획 부동산들에 대한 이야기도 가끔 듣는다. 지하철이나 철도, 요즈음은 GTX(수도권광역급행철도) 역세권 예상 후보지마다 호재로 인한 토지나 아파트 가격이 상승하고 있다는 이야기도 들린다. 지하철과 철도 개통으로 인해서 상권이 모두 활성화될까? 상권이 활성화되려면 과연 어떤 조건이 필요할까?

첫째, 경제 활동을 하는 지역으로 얼마나 빨리 접근할 수 있느냐가 중요하다. 서해선인 소사 – 원시 구간이 개통되기 전, 지하철이 정차하는 역을 중심으로 역세권이 형성화될 것이라고 지역 부동산이 들떴다. 그러나 지하철이 개통되고 이 노선에 역세권이 활성화되었다는 이야기는 아직 들리지 않는다. 문제는 지역 주민이 경제 활동을 하는 서울 도심권으로 지하철을 이용해 출퇴근할 경우의 시간이 현재의 버스 환승과 큰 차이가 없다고 한다. 그렇다면 버스 이용과 지하철 이용으로 분산되어 역세권 형성에는 제한적일 수밖에 없다.

이에 비해서 신분당선은 일반 지하철의 2배인 최대 90km까지 가능한 속도로 광교에서 강남역까지 40분대로 운행함으로써 판교와 용인, 광교 지역 주민들의 이용률을 높여서 성공한 노선이다. 다만 이 노선도 마지막 광교역을 이용하는 경기대 학생들의 경우 학교 앞 버스를 이용한 사당역 접근성과 비교하면 이용 시간에 큰 차이가 없어서 광교역 상권이 활성화되지 못하는 원인으로 작용하고 있다. 결국 지하철이 개통되었을 때 기존 버스 이용 시간과 비교해 파격적으로 시간이 단축되지 않는다면, 굳이 몇 번의 환승을 거쳐야 한다면, 지하철 이용률이 높지 않아서 역세권 활성화에 한계가 있다. 사람들은 자신이 이용하는 교통 습관을 쉽게 변경하지 않기 때문에 시간 단축이라는 확실한 이유가 있어야 한다.

둘째, 운행이 빈번해야 하고, 주거 집중 지역에 역사가 있어야 한다. 현재 판교에서 여주로 가는 경강선은 출퇴근 시간을 제외하면 낮 시간에 3회 정도 정차하고, 타고 내리는 사람이 많지 않다. 역세권은 빈번한 운행과 충분한 승하차 인원이 없다면 안정적인 상권이 형성되기 어렵다. 또한 철도 건설에 엄청난 재원이 소요되기 때문에 교외선의 경우 땅값이 싼 지역을 찾을 수밖에 없어서 노선과 역사가 주거지와 거리가 멀다. 따라서 도심지에서 벗어난 역사의 경우 상권 형성보다는 지역민에게 도심 연계의 편리성 이상을 제공하지 못하기 때문에 지하철역 인근에 대규모 택지나 상업 지역이 조성되지 않으면 상권 형성이 되지 않는다.

셋째, 한 번 운행에 충분한 연결량이 운행되어야 한다. 신분당선은 1편에 6량을 운행하고, 운행 속도는 일반 지하철의 2배 정도가 된다. 빠른 속도와 안정적인 6량 운행은 이용객을 증가시켰고, 이는 주거지 구간을 통과하는 분당과 용인, 광교 지역의 상권 형성은 물론 집값을 끌어올렸다. 그렇지만 지하철이나 경전철 2량 운행, 일반 버스 2~3대 수준의 승객을 태우고 시간당 3~4회 전후 운행이라면, 지하철로 인한 역세권 형성에는 한계가 있다.

2호선 강남권 라인 상권의 침체 원인은?

초보 상가 투자자나 창업자라면 유동인구가 많은 도심 상권과 주거인구가 많은 상권 중에서 어느 상권에 투자하는 것이 유익할까? 서울에서 유동인구가 가장 많은 지역을 따진다면 순환선인 2호선 라인이다. 이런 영향으로 환승이 이루어지는 강남권 교대역, 선릉역 인근에는 비보험계열, 즉 돈이 되는 메디컬(병의원, 치과, 한의원)이 많다. 그만큼 직장인들도 많고, 환승하는 지역이라서 집객력이 좋으므로 돈 되는 비보험계열 메디컬 매출에 영향을 미치기 때문이다. 그러나 최근 이들 메디컬 원장님들을 만나보면 경쟁 병원도 많고, SNS나 오프라인 홍보를 집중하는 시기와 그렇지 않은 시기 매출이 너무 큰 차이가 나서 어려움을 겪고 있다고 한다. 나는 이분들께 강남권 2호선 라인은 2010년과 비교해도 큰 폭으로 지하철 이용객이 감소를 나타내고 있는데, 이것은 상권으로 유입되는 인구 자체가 줄어서 타깃 환자층이 줄었다는 것을 의미한다하고 설명했다. 쉽게 2호선 강남권 이용객이 얼마나 감소했는지 다음의 표를 살펴보자.

2018년과 2010년 2호선 승하차 이용객 비교			
지하철 역명	2018년 1일 평균 승하차 인원(명)	2010년 1일 평균 승하차 인원(명)	이용객 감소율(%)	비고
삼성역	117,003	183,889	36.3	
선릉역	98,894	155,949	36.5	
역삼역	94,214	130,950	28.0	
강남역	199,699	252,688	20.9	2호선 이용객 1위
교대역	74,661	111,322	32.9	

출처:국토교통부

여전히 2호선 중 1위 이용객을 보이고 있는 강남역도 20.9%가 감소했고, 삼성역, 선릉역, 교대역은 30%가 넘는 지하철 이용객 감소를 나타내고 있다. 이러한 이용객 감소 원인은 주간 강남권 직장들의 경기도권 이전이 영향을 미쳤지만 직장의 근무 형태 변화도 큰 영향을 미쳤다. 이에 못지않게 9호선 2단계와 3단계 개통으로 교통 이용 분산으로 빨라진 출퇴근 영향이 전체적으로 유동인구의 감소를 불러올 수밖에 없다. 9호선은 서울 동서 연결라인 중 가장 속도가 빨라서 강동구 중앙 보훈병원에서 강서구 김포공항까지 50분이면 주파가 가능하다. 따라서 강남권 직장인들이 주거지인 서울 외곽 이동 시 환승이 편리하다.

이러한 유동인구 감소는 강남권 2호선 상권 전체 집객력의 약화로 이 어졌고, 업종을 불문하고 매출 감소로 직결되었다. 그러나 임차인들의 매출 감소로 인한 상권 위축이 이루어지고 있지만, 아파트 못지않게 상 가도 강남권 선호 현상이 뚜렷해 매매가격은 지속적으로 상승했다. 이 로 인해서 임대료 또한 내려가지 않고 올라가는 이상 현상을 나타내기 도 했다.

코로나19로 인한 재택근무의 증가로 향후 더욱 빠르게 강남권 오피 스의 근무자들이 감소하고 공실이 늘어난다면 장기적으로 이를 버티지 못한 임차인부터 도심을 이탈하게 되고, 이미 이런 현상은 강남권뿐만 아니라 종로나 도심권에서도 광범위하게 나타나고 있는 공통적인 현상 이다. 노련한 투자가나 자산가들은 어떻게든 버티지만, 초보 투자자나 창업자, 전문직 종사자라도 유동인구가 많은 도심 상권에서는 버티기 어렵게 된다. 과연, 앞으로 2호선 강남권의 상권은 회복할 수 있을 것 인가?

현장 자료를 통한 상권 조사와
예상 매출액 추정

상권 조사를 할 때 다양하게 수집된 데이터나 상권 환경 자료는 상권을 판단하는 데 많은 정보를 준다. 이런 자료는 디지털 자료뿐만 아니라 현장에서 즉시 확인할 수 있는 아날로그 자료가 더 효과적일 때가 있다. 특히 그중에서 지역 단위 상권을 조사할 때는 전국 어느 지역이든지 상권 중심에 위치한 프랜차이즈 브랜드의 매출 추이를 통해서 상권 단순 비교를 할 수 있다. 이런 지역에서 손쉽게 비교할 수 있는 브랜드를 꼽으라면 제빵업체인 P사 가맹점이다.

우리나라 행정단위에서 가장 말단 행정 단위인 시 단위 행정동 읍, 면을 합치면 약 3,500여 개인데, 현재 P사 가맹점은 전국에 약 3,400개 정도가 분포하고 있다는 점을 감안하면 말단 행정 단위 숫자와 비슷한 수준이다. 즉, P사 가맹점이 입점한 비슷한 두 개 상권이 있다면 가맹점 매출 정보만 비교해도 매출이 높은 곳이 양호한 상권 지역임을 추정할 수 있다. 이때 정확한 정보를 알면 좋겠지만, 그렇지 못할 경우 동일 시간대에 확인한 반납을 위한 빈 박스 체크를 통해서 상권, 입지를 비교해볼 수도 있다. 다음의 사진에 보이는 빈 박스는 P사 전국 가맹점 중 Top3에 드는 Y상권에 위치한 가맹점 앞에 쌓인 주말의 빈 박스 모습이다.

Y상권에 위치한 P가맹점의 주말 빵 빈 박스

특히 P사 빵집의 경우 서민층의 기호도가 높기 때문에 주거 환경이 비슷한 입주 5년 이상의 안정화된 신도시나 택지지구 근린상권을 비교할 때 사용하면 효과적이다. 이런 빈 박스 정보는 P사 외에도 야간 주류 빈 박스를 통해서 유흥 상권의 활성화를 평가하는 데 사용하기도 한다.

8년 전 ○○기업에서 수익성 부동산을 매입해 상가 전체 MD 구성을 위한 상권 조사를 의뢰받아서 진행한 적이 있었다. 이 업체가 매입한

주점 상권 조사에서 활용되는 주점 앞 빈 박스

상가 2층에는 전용면적 250평 규모의 나이트클럽이 입주해 있었는데, 나이트클럽이 상가 매입 업체 정체성과 맞지 않아서 계약 만료가 임박해 재계약을 망설이던 상황이었다. 요즘은 유흥업종이 시들하지만, 당시로서는 해당 지역에서 가장 잘 나간다는 나이트클럽이었는데, 정확한 매출 정보가 노출된 것이 없어서 알 수 없었다. 매출액 조사는 점주 직접 대면을 통한 조사가 어려우므로 어찌되었든 의미 있는 추정 매출액을 찾아내야 하는데, 이때 기초자료로 선택한 것이 점포 앞에 쌓아놓은 1일 회수되는 빈 맥주 박스 정보였다. 이를 통해 예상 매출액을 찾아내고, 임대료 수준을 추정했다. 당시 현장 조사를 통해 1일 330ml 65박스(30병 기준)를 평균 소비하는 것으로 확인되었다. 이 정보를 기초로 다음을 유추해볼 수 있다.

- 1일 소비 맥주량은 65박스 × 30병 = 1,950병

- 나이트클럽 1 기본 = 맥주 3병 + 안주 1 = 35,000원

- 추가 맥주 1병 = 5,000원

- 기본 판매 병수 = 전체 병수의 약 70% 판매로 추정 : 1,365병

- 추가 맥주 판매 수 = 585병

이 자료를 바탕으로 맥주만의 예상 매출액을 계산하면 다음과 같다.

- 전체 기본 = 1,365/3(기본 맥주) = 455(기본)병

- 기본 매출 = 455(기본)병 × 35,000원(기본 가격) = 15,925,000원

- 추가 맥주 매출 = 585 × 5,000원 = 2,925,000원

- 전체 1일 추정 매출 = 15,925,000원 + 2,925,000원 = 18,850,000원

- 월간 추정 매출 : 565,550,000원

이 자료를 기준으로 업계 종사자의 의견을 구했더니 기존 월 임대료가 워낙 낮게 책정되어 있어서 업계 의견으로는 당시 임대료보다 최대 300% 인상도 가능하다는 결론을 얻었다. 나이트클럽이 의뢰 업체와 콘셉트도 맞지 않지만 다른 업종이 입점한다면 임대료 인상과 적당한 업종 찾기도 어렵다고 판단했다. 따라서 나는 업체에 나이트클럽의 임대료 인상을 위해서 임대료 관리 매뉴얼을 정비하는 것으로 하고 재계약 협상을 하는 것이 좋을 것이라는 결론을 내려주었다. 몇 개월 뒤 건물 관리 중개업소와 나이트클럽 간에 새로운 계약을 체결하면서 현재 임대료에서 50% 인상을 하고, 점진적인 인상으로 목표 수익률을 실현

하는 것으로 계획을 수정했다는 의견을 들었다.

이와 같이 상권 조사를 위해서는 디지털 자료뿐만 아니라 현장의 아날로그적인 자료로 노출된 정보를 활용하는 게 더 효과적일 때도 있다. 결국 이것을 어떻게 수집해 어떤 결과를 만들어낼지는 상가 투자자나 입주자, 중개업소, 컨설턴트 각각의 능력에 달려 있는 것 같다.

증가하는 주차장의
중요성과 부담

　몇 해 전 교대역에서 한정식집 오픈을 준비하는 업체로부터 상권 조사 컨설팅을 의뢰받은 적이 있다. 교대역 상권은 2호선과 3호선이 환승하고, 인근에 법원, 검찰청이 위치해 직장인, 가족, 동창회, 친구 모임이 빈번해서 한정식집 상권 입지로는 좋은 곳이다. 중저가의 대중적인 한정식집이지만 업종 특성상 식사 시간이 1시간 이상으로 길기 때문에 주차장과 발레파킹은 필수적이었다.

　한때 강남지역 발레파킹은 의뢰 업체에 파견 발레파킹 기사 1인당 고정급을 지급하고 한 대당 차주로부터 1,000~2,000원을 받고 불가피하게 골목에 불법주차를 한 다음, 범칙금 발부 시 업주가 부담하던 시절이 있었다. 그러나 빈번한 주차위반 범칙금과 차량 접촉사고로 차주, 업주, 발레파킹 회사의 분쟁이 끊이지 않자 발레파킹 회사에서도 업주의 주차장 확보를 발레파킹 계약 시 조건으로 요청하고 있다. 당시 내가 발레파킹 회사에 문의하니 주차장을 확보해주는 조건으로 발레파킹 기사 2인에게 약 400만 원의 비용을 요구해서 인접 공용주차장 확보 비용을 계산하니 임대료보다 주차장 부담이 더 커서 상권, 입지 모두 훌륭했지만 포기를 했던 경험이 있다.

우리 도시 상업 시설은 신축의 경우라도 대부분 법정 한도의 120%를 주차대수로 계획했다고 하지만 절대적으로 주차 시설이 부족한 것이 현실이다. 지역에 따라서 차이는 있지만, 이용이 가장 많은 1, 2종 근린생활시설의 경우 법정 주차대수는 134㎡(40.5평)당 1대다. 최근에는 대부분 상업 시설의 주차 조건이 열악해 입주업체에게 1대 이상 무료 배정하는 경우는 많지 않고 별도 주차장 비용을 청구한다. 입주업체들은 대부분 방문 고객에게 30분 정도 무료 주차를 제공하지만, 이 조차도 일정액 소비를 하지 않으면 상업 시설 주차비용은 점차적으로 업주가 부담하지 않는 추세다. 다만, 고객들은 본인이 주차비용을 지불하더라도 상가 선택에서 주차 조건을 따진다. 고객이 충분한 주차대수 요건 못지않게 중요하게 생각하는 것이 도로에서 주차장으로 진입하는 입구 인근의 혼잡도, 지하주차장의 주차장 진입 시 회전각도와 폭 등으로 여성 운전자 증가로 주차의 편의성을 무엇보다 중요하게 따진다. 건축 비용 절감을 위해서 주차장 진입로를 좁히거나 회전 각도를 불편하게 해서 여성운전자들이 진입에 공포를 느낀다면 상가 이용을 꺼릴 수밖에 없게 된다.

이외에도 주차장 바닥 주차면의 넓이도 운전자들이 주차에 애로점을 느끼는 부분이고, 역시 노면이 아니라 기계식 주차장은 기피하는 현상이 뚜렷해진 것도 주차장 요건을 따질 때 중요하게 생각해야 한다. 어찌되었든 주차장은 중요성이 증가하고 있고, 그 부담이 입주자 부담에서 고객 부담으로 넘어가는 추세이기는 하지만, 주차의 편리함은 고객들이 상가를 선택할 때 더욱 중요한 사항이 되고 있다는 것을 명심해야 한다.

상가 투자를 위한
상권 조사 진행 과정

이제부터는 직장인, 주부, 퇴직자들이 처음 상가 투자를 할 때 어떤 상가에 관심을 가지는지와 상권 조사를 할 때 어떤 과정을 거쳐서 조사를 진행하는 게 좋을지 정리해보려고 한다. 직장인, 주부, 퇴직자들이 상가 투자를 할 때 대부분은 지난 수년 동안 재테크를 통해서 모은 종잣돈을 갖고 뛰어들지만, 투자비의 절반은 대출에 의지할 정도로 자금력이 충분치 않다. 대부분 투자자들이 통건물보다는 구분상가 투자에 관심을 가지는 것도 그런 이유 때문이다. 국내 구분상가가 가장 많이 집중된 곳은 기존 도심보다는 신도시나 택지지구다. 구분상가 투자를 결정하고 검토할 때는 다음의 과정을 통해서 상권 조사를 진행하는 것이 효율적이다.

도시계획 분석

도시의 전체적인 윤곽 확인을 위한 자료로 첫째 도시계획 개요, 둘째 토지이용계획표, 셋째 토지이용계획도가 필요하다. 관련 자료는 행정 자료와 상가 분양 현장에서 카탈로그를 통해서도 확인이 가능하며, 자료를 통해서는 다음 내용을 살펴본다.

- 도시계획 개요 : 도시의 규모와 어떤 목적으로 이 도시가 계획되었 는지에 대한 설명이다. 인구 세대수 계획을 확인할 수 있다.
- 토지이용계획표 : 각 토지의 용도별 규모를 확인할 수 있다. 이를 통 해서 도시의 각 용도별 규모를 확인한다.
- 토지이용계획도 : 토지이용계획표의 내용을 용도에 따라서 지도 위 에 색깔을 달리해 표시한 것이 토지이용계획도이다. 아파트 지역, 상업업무용지, 주택용지, 공원, 도로 확인을 통해서 상권 구조를 확 인할 수 있다.

상권 구조 분석

① 도시 외부와 내부를 연결하는 도로와 각 생활권의 주택지를 연결 하는 도로를 통해서 차량 및 도시 주민들의 이동 흐름을 예측할 수 있다.
② 중심 상업, 생활권 상권 검토 : 각 상가용지의 위치와 규모를 통해

서 상권 형성을 예측할 수 있다. 집객력과 상가 규모가 큰 중심 상업용지→준주거, 근린생활 용지→이주자택지→단지 내 상가 순으로 검토하는 것이 효과적이다.

인구 세대수 평가

인구, 세대수 계획 : 공동주택, 주상복합, 단독주택 계획 세대수와 유입 예상 인구수를 평가한다.

공동주택(아파트) **평가** : 아파트 공급 방법과 시기, 면적, 시행사에 대해 평가한다. 미시행, 미분양 택지의 위치와 그 원인(도시의 인기가 떨어진 원인)에 대해 검토한다.

학교 계획 : 인구, 세대수 평가에서 필요한 내용 중 하나가 학령 인구에 의한 학교 계획이다. 특히 생활권 단위로 설립되는 초등학교와 학원들의 유입이 적극적인 고등학교의 설립은 상권 평가에서 무엇보다 중요하다.

환경 분석

교통 분석 : 지하철, 철도, 고속도로, 국도계획과 개통 시기에 대해 검토한다. 특히 지하철, 철도의 경우 도시계획 반영보다는 반드시 실제 공사, 시작 시기와 완성 시기 예측이 중요하다.

집객 시설·자족 기능 분석 : 쇼핑몰, 공공기관, 집객 시설, 자족 기능 계획과 입주와 정착의 가능성에 대한 분석이 필요하다. 특히 건물만 크고 실제 근무자가 많지 않거나 자족 기능 건물 완공 후 입주가 적기에 이루어지지 않는 곳도 많으니 주의가 필요하다.

지형지물 검토 : 국내 자연환경이 등, 고차가 크고, 산, 하천, 호수가 많은 점, 인공 공원과 경계 녹지로 인한 상권 단절 영향도 상권 분석에 반영해야 한다.

상가 분석

상가 규모의 적정성

• 전체 건축물과 상가의 연면적에 대한 검토 : 대형 상가의 경우 공실률이 높고 상권 활성화가 늦어지는 경우가 많으니 이에 대한 검토가 필요하다.

• 구분상가 개별 면적의 적정성 : 상가 개별 MD 업종에 적합한 면적인지 따져볼 필요성이 있다.

예상 MD 분석

• 층별 예상 MD : 층별 예상 MD를 통한 활성화 가능성에 대해 검토한다.

• 선택 상가 MD : 투자 선택 상가에 입점 가능성이 있는 임대 예상 업종을 검토한다.

분양가 비교평가

인접 비교 신도시와 분양가 비교 및 신도시 동일 용도 지역 내 상가의 분양가를 비교한다.

경제·사회적 환경 분석

경기 상황과 정부의 부동산 정책 변화를 분석한다. 특히 임차인이 될 소상공인의 경기 상황 분석과 정부의 경제 정책의 방향에 대한 검토가 필요하다.

시행·분양사 상가 활성화 전략

전략 업종인 키테넌트(Key Tenant)의 유치 전략, 선임대 예상, 확정, 브랜드, 입주 지원(렌트프리 기간)을 검토한다.

대출 조건 검토

시행사와 제휴한 금융사가 제시한 금리와 대출 조건을 검토(레버리지 효과)한다.

수익성, 위험 분산 전략

분양사가 제시한 투자 수익률 : 분양사가 제시한 분양가 대비 투자 수익률을 검토(레버리지효과 포함 및 제외 모두 검토)한다.

입점 예상 MD(업종) 기반 예상 임대료 : 입점 예상 MD(업종)의 매출액 추정을 토대로 한 임대료 가능 수준을 검토한다.

인접 지역 임대료 수준 : 인접 상권 상가의 임대료 수준을 확인한다.

현실적인 투자 수익률 : 현실적인 예상 임대료를 기초로 한 수익률을 예상해본다.

위험 분산 전략(공실 해소 전략) : 사용승인 후 공실 예상 기간은? 대출 금리에 기초한 공실 예상 기간의 지불 금리 합계를 검토한다.

현장 상가와
상권의 이해

신도시 상가,
너무 잘 지으려고 하지 마라

2017년 초에 김포 풍무동 상업 지역에 상가 시행을 준비 중인 업체 담당자와 상가 시행 후 MD 구성과 풍무동 상권 배후세대에 대한 상담을 한 적이 있다. 이 시기 김포 풍무사거리 구 풍무시장과 48번국도인 김포대로 사이에 풍무 2지구 택지 조성사업이 마무리되어 푸르지오 1단지 2,712세대가 2017년 6월 입주했고, 2단지 2,467세대의 입주가 2018년 6월로 1년을 조금 남겨둔 시점이었다.

김포 풍무동은 푸르지오 1, 2단지 개발 시점 이전인 2015년 12월의 인구가 44,168명으로 당시 김포시에서 김포 1동을 제외하고는 인구가 가장 많았고, 푸르지오 1, 2개 단지 5,179세대가 입주하면 인구수는 6만 명이 상회할 것으로 예측되던 시점이었다(참고로 2020년 5월 31일 기준 김포 풍무동 인구는 62,045명으로 김포시 행정동 인구 중 가장 많고, 세대당 인구에 있어서도 2.76명으로 높은데, 이것은 결혼하고 자녀층을 포함한 가족 구성원이 안정적으로 구성된 세대수가 많다는 이야기다).

상가 시행을 준비 중인 업체는 이전에 단독과 빌라만 건설하다가 상가 시행은 처음인 업체였다. 상담을 하면서 시행할 상가 도면을 살펴본 결과 몇 가지 문제점이 나타나서 설계를 다시 하는 게 어떠냐고 나는 조심스럽게 이야기했다. 건물은 10층 올(All)플라자형 상가로 내부 동선과 1층 공용공간이 쾌적하게 넓고, 1층이 복층구조로 조형미는 분양 목적의 다른 상업용 건물에 비해서 뛰어났다. 또한 주차장도 지하 한 개 층을 더 확장해 일반적인 상업용 건물의 주차장 비율 100~120%보다 큰 150%에 이르게 설계되어 있었다. 전체적으로 우수한 설계였지만 분양 목적 상가의 경우 주변보다 너무 잘 지으려다 보면 가장 큰 문제가 바로 건축비 상승과 함께 다음과 같은 여러 문제를 야기한다는 것이다.

① 건축비 상승은 분양가 상승을 가져와서 주변 시세에 비해서 분양가를 높이고 이것은 낮은 분양률로 이어지면서 분양 이후에도 임대료 상승이 이어질 경우 공실의 원인이 된다.

② 조형미와 공간 구성이 잘 나온다 하더라도 공용부분 비율이 과도하게 높아져서 전용률이 낮아지면 주변 상가와 비교했을 때 같은 전용면적이라 하더라도 결국 계약 면적이 커져서 상가 투자자들은 투자비용이 커질 수밖에 없다.

③ 상업 시설은 너무 잘 지으려다보면 공사 기간이 예상치 못하게 길어져서 문제가 발생한다. 일반적인 신도시 상가는 주변 아파트 입주에 맞춰 완공되는데, 이 완공 적기에 상가가 완공되지 않으면 상가 활성화에 직접적인 문제를 일으킨다. 일반적으로 아파트 입주 시기는 아이들

신학기 이전에 집중되는데, 이것은 자녀들의 신학기에 맞춰야 하기 때문으로 대규모 단지 입주 시 학교 신설 개교도 3월 학년 초에 집중되는 것도 이 같은 이유에서다. 만약 상가도 이 시기에 맞추지 못하면 보통 학기 초에 결정하게 되는, 전체 상가 활성화를 좌우하는 학원 층의 입주가 어렵고, 이 경우 저층부 역시 입주가 늦어지게 된다. 이는 상가 활성화에 직접적인 영향을 미치게 된다. 특히 상권이 다른 지역에 비해서 세대당 인구가 많다는 것은 자녀층에 학생들이 많다는 것을 의미한다.

④ 공사비 상승은 상가의 마진 축소로 입주 전 사전 임대를 맞추기 위한 시행 분양사의 프로모션 홍보비용 투자를 어렵게 해서 상가 투자자가 임대를 모두 맞춰야 하는 부담을 져야 할 수 있다. 이런 경우 업체는 시행 분양에만 올인하고, 임대를 맞추는 데는 관심이 떨어질 수밖에 없어서 결국은 상권 활성화가 늦어져서 상가 투자자가 피해를 볼 수 있다.

이와 같이 상업용 건물은 물론 잘 지으면 좋지만, 건축비 상승과 예기치 못한 공기 확장으로 다양한 문제를 야기할 수 있다. 신도시의 상업용 건물은 부실 공사는 물론 안 되지만, 너무 잘 지으려고 하지 말고 주변 수준에 맞춰 적기에 완공되고, 임대를 맞추기 위한 프로모션을 적극적으로 진행할 수 있도록 해야 한다. 이것이 상가 투자자, 시행 분양사 모두를 만족하게 한다. 다음 해에 들은 이야기지만, 앞서 상가 시행을 준비 중이던 사장님은 상가 시행에 대한 자신감을 잃고 토지를 매각했다고 한다.

플래그숍은 어떤 선택이 필요할까?

플래그숍(Flag Shop)은 다점포를 운영하는 브랜드에서 깃발로 내세우는 대표 점포를 말한다. 코로나19 이후 브랜드들은 플래그숍을 출점할 때 보다 분명한 이유로 출점할 가능성이 높다. 따라서 출점에 영향을 받는 건물주들이나 해당 상권과 상가에 입주한 임차인들도 이들의 출점 목적을 정확히 인식할 필요가 있다.

투자자에게 어필하기 위한 전략적인 상권, 입지에 출점

2011년 모건스탠리의 '놀부보쌈' 인수 이후 프랜차이즈 업체에 열풍을 몰고 온 사모펀드 투자 유치를 위해서 기업들은 투자자들에게 쉽게 노출될 수 있는 지역에 출점했다. 대표적으로 선호했던 상권 입지인 서울 도심 광화문, 청계천, 명동, 종로, 강남역 등에 출점한 것이 이런 목적 때문이었다. 그러나 2017년 이후 프랜차이즈 경기 악화로 거액에 사모펀드에 매각되었던 대표 업체들도 재매각에 애를 먹으면서 업체들 상당수는 철수를 하거나 철수를 결정했지만, 새로운 임차인을 구하지 못해서 아직 유지를 하고 있는 곳도 상당수라고 한다.

기업의 브랜드제고·광고 효과를 목적으로 한 출점

과거 프랜차이즈 가맹점 확대를 목적으로 주요 상권, 입지에 점포를 출점시키던 시기에는 직접적인 소비자 집객 효과를 많이 따졌다. 그러나 2010년대 이후 두드러진 플래그숍의 특징은 국내뿐만 아니라 해외 시장에 전략적으로 홍보할 수 있는 상권, 입지를 선호한다는 것이다. 국내외의 기업의 브랜드제고와 홍보를 위해서 국내외 개인크리에이티브가 활발히 접근할 수 있는 상권, 입지에 적극 출점하는 것이다. 월 임대료가 억대가 넘어가도 TV나 신문 등의 매체광고보다 오히려 국내외 유명 크리에이티브가 방문한다면 임대료 이상의 효과를 볼 수 있기 때문이다. 이런 효과를 기대하면서 출점했던 대표적 상권이 명동 상권으로 이곳에는 패션, 뷰티, 잡화들의 플래그숍이 많이 들어섰다.

그러나 코로나19 이후 외국 관광객이 자취를 감추면서 명동 일대에는 공실이 넘쳐나고 있다. 앞으로 코로나19가 회복될 경우에도 과거와 같은 광고 효과를 기대할 수 있을지는 확실치 않다. 온라인 매출이 급상승하고, 판매채널이 다양해지면서 기업들은 좀 더 저렴하고 실속 있는 광고와 홍보 채널에 대한 고민을 할 것이다. 기업들이 앞으로의 플래그숍 유지에 대해 고민한다면 명동과 종로 일대 건물주들은 코로나19가 지나면 다시 높은 임대료를 받을 수 있을 것으로 기대하겠지만, 과거와 같은 호시절은 기대하기 어려울 것이다.

온라인 매출은 상승하지만 플래그숍은 필요하다

앞서 코로나19 이후 비대면 소비가 일상화되고 온라인 매출이 급상승하면서 패션, 뷰티, 잡화 중심으로 오히려 플래그숍이 늘어날 것이라는 이야기를 했다. 코로나19 이후 플래그숍은 직접 구매보다는 온라인 판매의 보조적인 수단으로써 고객이 비교·체험하는 공간의 역할을 할 것이다. 기업들마다 온라인 판매가 증가할수록 플래그숍 숫자도 증가할 가능성이 높은데, 과거에는 도심 상권에 출점했다면 코로나19 이후 플래그숍은 거주지 배후세대 인구의 집중 지역을 중심으로 출점하게 될 것이다. 기업들이 선호하게 될 플래그숍 형태는 초기에는 지역 거점 단위 집객력이 큰 대형유통 몰(Mall)내의 전문점 형태로 입점하겠지만, 장기적으로는 몰 내의 임대료와 수수료가 높아진다면 로드숍 형태로도 확대될 가능성이 높다.

프랜차이즈 플래그숍은?

IMF 이후 프랜차이즈 기업의 플래그숍은 전국 단위의 유명 상권을 선호했다. 서울의 경우 홍대, 이대, 강남역 상권을 선호했다면, 지방 역시 홍보 효과를 높일 수 있는 지역에 출점했다. 프랜차이즈의 홍보 효과는 신규 창업자들이 홍보에 유리한 가맹점 출점을 높이는 데 집중 되었다. 2000년대 초반의 경우 시장에 쏟아져 나온 조기 명퇴자들의 창업 시장은 활황기였고, 이 출점 전략은 잘 통했다. 그러나 2010년도 중반을 넘어서고, 최근 몇 년 사이 창업 경기가 꺾이고, 무엇보다 창업 자들이 접할 수 있는 정보가 넘쳐나면서 유명 상권의 점포를 보고 출점 하는 사례는 일부 반짝 아이템 이외에는 찾기 어려워졌다. 이보다는 메 뉴와 상권의 적합성을 먼저 따지는 경향이 뚜렷하고, 일부 지역 아이템 의 경우 무작정 서울에 플래그숍부터 출점하는 것보다는 지역 내에서 성공모델을 만들고 중앙 진출을 하더라도 늦지 않게 되었다.

따라서 프랜차이즈 기업들도 플래그숍 출점을 고민한다면 업종 메뉴 와 상권 적합성을 따져서 성공할 수 있는 상권을 선택하는 것이 중요 하다. 코로나19 이후에는 창업자들의 실속 성공형 아이템에 대한 선택 기준은 더욱 까다로워지는 반면, 유명 상권이 아니더라도 성공모델만 만든다면 홍보할 수 있는 채널이 너무 많은 요즘이기 때문이다.

좋은 상가는 대체성이 좋아야 한다

우리 상권 환경은 같은 골목에는 같거나 유사한 업종이 입점을 하고, 상가의 경우에도 같은 층에 유사한 입점 패턴을 보인다. 창업자가 염두에 둘 것 중 하나는 대체성이 좋은 점포는 업종 전환이 쉽고, 폐업을 할 경우에도 양도와 양수가 쉽게 이루어져서 안정적인 권리금뿐만 아니라 인수자를 찾지 못해 애를 먹는 일도 없다는 것이다.

홍대 상권은 임대료와 권리금이 높지만 풍부한 유동인구로 인해서 양도·양수가 쉽게 이루어져서 점포의 대체성이 높았지만, 코로나19로 인해서 점포의 대체성이 떨어지는 추세다. 상권의 업종 대체성이 좋은 입지는 업종과 품목은 달라도 유사하거나 동일 업종 집중성이 높아서 대체 업종 찾기가 쉽다는 이야기다.

그렇다면 상가 투자는 어떨까? 특히 싼 가격에 나오는 대형점포 중 현재 높은 수익률이 유지되는 상가들은 특히 주의해야 한다. 오래전 모기업에서 여유 자금을 가지고 부동산 중개업소로부터 소개받은 12층 상가 중 5, 6층 두 개 층 200여 평에 대한 상가 매입을 검토하면서 이 상가에 대한 상권 분석을 의뢰받았던 적이 있다. 부동산 중개업소에서 제공한 자료를 검토해보니 정형외과가 운영된 지 3년 정도 되었고, 상가 수익률은 대출을 감안하지 않는 경우에도 순수하게 약 6%에 육박하는 수익률이었다. 부동산 중개업소에서도 고객에게 추천하는 물건으로서 이만한 물건을 찾기 어렵다는 생각이었다.

그런데 막상 현장 조사를 해보니 병원의 경우 내원 환자의 숫자가 많지 않아서 원무과도 한산한 수준이었고, 무엇보다 개원한 지 3년 정도밖에 되지 않았다는 게 마음에 걸렸다. 1층 편의점을 찾아 해당 상가와 병원에 대해서 물어본 결과, 역시 환자 숫자가 많지 않다는 이야기였다. 잘못하면 문을 닫을 수도 있겠다는 생각이 들었다. 이런 상가의 경우 기업이든 개인이든 투자에 있어서 단순히 상가 수익률을 매매가로만 판단했을 때 큰 낭패를 볼 수 있다. 만약 병원이 폐업할 경우, 대체할 수 있는 업종의 입점이 가능할 것인지가 중요하다.

이 상가에 대해서 상권 분석 결과 및 브리핑을 하면서 병원이 빠져나갈 경우 대체 업종을 찾기가 쉽지 않을 것이라는 평가를 내리면서 인수에 신중하라는 결론을 내렸다. 결국 이 업체에서도 상가 매수를 포기했는데, 얼마 있지 않아서 정형외과가 폐업했다는 이야기를 들었다.

몇 해 전에는 ○○사의 대형양판점이 입점한 구분상가 전용 200평 매입을 위해서 상권 분석을 요청받은 적이 있었다. 나는 인접 지역에 같은 ○○사 대형마트가 있어서 언제든지 점포가 합쳐질 수 있다는 의견을 냈는데, 실제로 얼마 가지 않아서 양판점이 인접 마트에 들어간 것이 아니라 아예 문을 닫아버린 사례도 있다.

일반적으로 각 업종들은 정형화된 상권과 입지에 따라서 적합한 업종들이 있다. 대형 구분상가일수록 투자비용이 높기 때문에 대체 업종 찾기가 더욱 어렵다는 점을 염두에 두고 창업자나 상가 투자자는 선택해야 한다. 좋은 상가는 단순히 수익률이 높은 업종보다는 지속성을 가지고 언제든지 공실 없이 안정적으로 운영될 수 있는 것이어야 한다. 상가 대체성은 창업이든 상가 투자든 모두에게 중요하다.

오토형 창업은 직장인, 주부, 퇴직자들의
꿈의 직장인가?

　직장인, 주부, 퇴직자들 중에는 매일 근무하는 것이 아니라 저녁에 마감 관리만 하거나 매니저(점장)를 두고 운영하는 창업 형태를 희망하는 분들이 많은데, 이것이 오토형 창업이다. 직장인, 주부들은 미래에 대한 불안감으로 새로운 수입원을 만들어 미래에 직장을 그만뒀을 때 이직 대신 잘만 하면 전업으로 할 수 있다는 매력 때문에 오토형 창업에 관심을 갖는다. 또한 이런 관심들은 프랜차이즈 창업박람회나 부동산 투자 강의에서도 심심치 않게 등장하는데, 점포 임대 수익보다 더 큰 수익을 얻을 수 있다거나 일부는 상가 투자 후 임대가 되지 않아서 어쩔 수 없이 관심을 가지는 분들도 있다. 이때 염두에 두어야 할 것은 오토형 창업은 만만치 않은 위험성이 있다는 것이다. 이제부터 오토형 창업에 성공하기 위한 조건과 주요 사례를 살펴보자.

오토형 창업 성공의 조건

① 오토형 창업 운영을 위한 선행 조건은 점포 매니저와 직원들을 관리할 수 있는 능력이 있어야 하고, 무인업소라도 최소한 하루에 한 번 청소와 매장에서 부족한 것을 채워놓는 세심한 관리가 필요하다.

② 해당 업종을 이해해야 한다. 몇 해 전 대기업 부장으로 근무하는 친구가 매니저를 두고 오토형으로 복합쇼핑몰에서 의류 유통업을 창업하겠다고 했을 때 끝까지 말린 적이 있다. 이때 내가 말렸던 이유는 유통업은 물류를 모르면 창업이 어렵기 때문이다. 그러나 안타깝게도 이 친구는 결국 유통업자 말만 믿고 투자를 했다가 약 3억 원 정도 손해를 보았다.

③ 매니저를 두고 운영하는 오토형 창업은 투자비가 많이 들어간다. 일반적인 자가형 소상공인 창업은 생계형으로 소자본으로 이루어지는 아이템이 많다. 이에 비해서 관리 매니저를 두는 형태의 오토형 창업은 매니저 인건비, 높은 임대료, 낮은 수익성을 감당할 수 있는 창업자가 아니라면 어렵다는 것을 알아야 한다. 실내야구장, 골프장 등 실내 경기장과 스터디카페 등은 점주가 직접 운영하기보다 매니저를 두고 관리하는 오토형 운영이 많은 업종인데, 집객력이 좋은 신도시 상업 지역의 경우 시행사 및 대형 면적 상가 투자자들이 직접 운영에 나서는 비율이 증가하고 있다.

오토 매장으로 성공하는 일반적인 사례

동일 상권 내 복수의 점포를 운영하는 경우

다년간 운영 경험이 축적된 장사 선수들이 선택하는 방법이다. 수도 권과 지방 광역시 유명 상권에서 장사를 하는 분들 중에는 동일 상권에서 여러 개 다른 브랜드나 독립 점포들을 동시에 운영하는 경우가 생각보다 많다. 동일 상권이라서 인력 관리가 쉽고 상권에 대해서 익숙해서 어떤 아이템이 잘될 것인지 선택과 관리가 쉽기 때문이다.

대표적인 다 브랜드 전략을 전개하는 백종원 대표의 더본코리아 가맹점주들 중 동일 상권에 더본코리아의 여러 브랜드를 동시에 운영하는 사례는 어렵지 않게 본다. 또한 젊은 층이 많이 찾는 상권에는 카페, 와인바, 주점들을 동시 운영하는 사장님들 또한 상당수다.

동일 아이템이나 브랜드를 여러 개 상권에 전개하는 경우

역시 인력 배치의 장점과 함께 앞서 언급한 대로 해당 아이템을 운영해서 성공한 경험이 있기 때문에 다른 상권에서 복수로 오토형 매장을 운영하더라도 아이템을 잘 알아서 성공 가능성이 높다. 실제로 유명 브랜드의 경우 다점포를 운영하는 분들이 많은데, 아웃도어 브랜드의 경우 한 사람이 10여 개 이상 매장을 운영하거나, 외식업 브랜드에서도 2~3개 매장을 동시 운영하는 분이 많다.

오토형 창업을 부추기는 외부 요인

점포 확장을 위한 프랜차이즈 업체의 전략

말 그대로 프랜차이즈 업체에서 가맹점 확장을 위해서 시스템의 간편성을 내세워 창업을 부추기는 경우로 동시에 여러 개의 점포를 운영하기 쉽다고 홍보한다. 그러나 이 경우 유명 브랜드의 경우 이미 검증된 상태이므로 기존 운영자라면 확신을 가지고 운영하지만, 업력이 짧은 유행 아이템을 잘못 선택했을 때는 큰 피해를 볼 수 있다.

분양을 목적으로 한 분양사의 전략

경기 불황에 점포 임대가 어려워지자 상가 분양사에서는 직장인, 주부, 퇴직자들을 상대로 임대가 안 되었을 때는 어차피 퇴직을 한다면 창업을 하는 것도 대안이라고 부추기는 경우가 있다. 실제로 시장에서는 상가 투자 후 임대가 이루어지지 않아서 창업에 나서는 경우가 많다.

일부 재테크 강사의 강의 아이템

일부 재테크 강사들이 자신 또한 오토형 창업으로 매장을 운영해서 성공했다고 하는 곳도 많았는데, 실제로 확인을 해보니 상황이 다른 경우가 많았다. 이것은 재테크 강사의 강의 품목을 위한 전략에 불과하다는 것을 알아야 한다.

직장인, 퇴직자, 주부들에게 적합한 오토형 창업 업종은?

무인 세탁편의점

무인 세탁편의점은 1인가구가 많은 대학가, 직장인 원룸, 오피스텔 지역에서 인기를 끌다가 최근에는 주택가로 확산되는 추세다. 창업비용이 점포비용을 제외하고 1억 원 전후로 낮고, 외식업을 기피하는 분들이 선호하다 보니 우후죽순으로 늘어나면서 지역에 따라서는 포화상태를 넘어선 곳도 많다. 생각보다 수익이 크지 않아서 임대료가 과도하게 높은 곳은 피해야 하고, 주상복합단지 상가 투자자 중에서 공실이 지속될 때 검토할 만하다.

주부 부업용으로 적합한 아이템으로 전업으로 할 경우에는 수익이 낮아서 어렵기 때문에 하나를 운영해본 뒤 충분히 경험을 쌓은 후 2~3개를 동시 운영해야만 전업으로 할 수 있는 아이템이다. 무인점포지만 저녁 시간 청소, 소모품 보충을 매일 한 번 정도는 해야 하고, 최근에는 세탁편의점 내에 무인 카페 등을 겸하는 경우가 있는데, 임대료가 저렴한 곳을 찾는다면 검토 가능한 모델이다.

스터디카페

스터디카페는 2016년부터 국내에 확산되기 시작해 역시 확산 속도가 빠른 업종 중 하나다. 키오스크를 통한 무인 관리가 가능하다는 것이 장점으로, 하루 종일 스터디카페에서 근무하지 않더라도 운영이 가능하다는 장점 때문에 음식점 창업 등에 부담을 느끼는 은퇴 직장인들이 선호하는 업종이다. 그러나 창업비용이 점포를 제외하고 2억 원 가까이 필요하며, 규모도 80평 이상으로 대형화되는 추세다. 또한 상가 투자자 중에서 임대가 나가지 않아서 궁여지책으로 선택하는 분들의 비율도 높다.

상시 근무는 하지 않더라도 매니저를 두거나 매일 신경을 써야 하고, 특히 과다경쟁이 되다 보니 학생들을 위한 진로지도와 같은 세미나를 개최하거나 특화된 서비스를 제공해야 경쟁력을 가질 수 있다. 코로나19 이후 스터디카페를 찾는 학생, 재택근무자들이 증가할 수밖에 없는데, 안전한 냉난방 공조시스템과 방역으로 인한 인테리어 설비의 비용 증가를 어떻게 절감할 수 있을지가 과제로 남았다.

편의점

전업으로 편의점을 운영하는 상당수는 낮은 수익률로 인해서 아르바이트생을 두고 2~3개를 동시에 운영하는 분이 많았다. 그러나 최근 몇 년 사이 최저임금의 급속한 상승으로 인해서 다점포를 운영했던 사업주들 상당수는 복수 점포를 정리하고 있는 추세이기도 하다. 그러나 혼밥, 혼술 문화의 일반화로 수익성 높은 도시락, 먹거리와 편의점을 통한 플랫폼 서비스의 폭이 넓어지면서 편의점의 사업성을 꾸준히 확보해나갈 가능성은 높아졌다. 코로나19 이후 취업난이 심각해지면서 20대와 30대 초반 젊은 사업주들이 대거 편의점 사업에 뛰어드는 추세라고 한다.

카페

직장인들 상당수는 아직도 퇴직 후 아르바이트생을 고용해 카페를 운영하면서 자신은 여유를 즐기면서 살아가고 싶은 분들이 많다. 그러나 다음카카오지도를 통해서 커피전문점을 검색하면 약 68,000개가 검색되는 것에서 알 수 있듯이 카페와 커피전문점은 대표적인 과포화 업종에 해당된다.

최근에는 인건비를 줄이기 위해서 커피전문점마다 키오스크 도입이 광범위하게 이루어지고 있고, 직접 바리스타 자격을 취득해 운영에 나서고 있는 분도 많다. 그러나 카페와 커피전문점은 오토 매장으로 폼을 잡으면서 운영하는 것이 어렵게 되었다.

이렇듯 오토형 창업은 직장인, 주부, 퇴직자의 꿈의 직업이기는 하지만, 높은 인건비와 과도한 경쟁으로 인해 사장님이 직접 나서서 운영하지 않으면 더 이상 유지가 어려운 환경으로 바뀌고 있다.

경쟁점들이 줄어들면
대박집은 행복할까?

나는 2개월에 한 번 프랜차이즈 업체 근무자를 포함한 상권 조사와 분석이 필요한 관련 업체분들, 그리고 상가 투자자와 함께 '현장 상권 연구회'라는 상권 투어를 하고 있다. 현장에서 다양한 상권 현상을 놓고 토론하는데, 2019년 상권 투어에서 가장 관심을 가졌던 주제 중 하나가 '하나의 상권에서 경쟁력 저하로 점포들이 문을 닫게 되면 경쟁력이 뛰어난 점포들은 매출이 더 오르고 행복할까?'라는 주제였다. 경쟁점들이 문을 닫으면 자영업 구조조정이 이루어지고, 결국 문을 닫은 점포들은 임대료를 내리고 상권은 건전하게 발전해나간다고 일각에서는 볼 수도 있다.

정말 그럴까? 그렇다면 100개의 점포가 있는 상권에 음식점이 60개 정도를 이루고 있었는데, 최근 1년 사이 10개 정도가 문을 닫았다고 가정해보자. 이 상권에 하루 1,000명이 왔다면 전체를 1/N로 나누면

60개 점포였을 때 이들이 매일 상권을 방문한다면 하루 16명이 하나의 점포를 방문하는 것이 된다. 그렇다면 점포 숫자가 50개로 줄어들면 하나의 점포에 20명으로 고객 숫자가 증가할까?

물론 매일 음식점들을 찾는다는 가정에서부터 잘못되었을지 모르지만, 가정이 모두 맞다고 생각해보자. 그런데 경쟁점들이 너무 빠르게, 많은 숫자가 문을 닫게 되면 상권의 법칙은 거꾸로 작용하게 되는 게 일반적이다. 고객 입장에서는 이 상권에서 음식점 60개가 모두 영업을 할 때는 선택의 폭이 넓었는데, 10개가 문을 닫음으로써 선택의 폭이 줄어들게 되었다는 것을 의미한다. 이것은 결국 고객으로서는 선택의 폭이 넓은 상권으로 이동하게 되거나 상권을 찾더라도 상권의 매력이 떨어져서 아이쇼핑에 그치거나 지불 규모를 줄이기 때문에 장사가 잘되었던 대박집 조차도 매출이 줄어들게 된다. 즉, 점포가 10개 줄어든 만큼 이 비율로 상권을 이용하는 고객이 줄어드는 게 아니라 소비 감소는 더욱 커지고 이로 인해서 한 번 무너진 상권은 공실이 더욱 빠르게 늘어난다.

일부 유명 자영업이나 부동산의 전문가들은 경쟁력이 떨어지는 자영업자들은 빠르게 도태시켜 구조조정이 필요하다고 하지만, 이 경우 장사가 잘되던 자영업자들의 동반 침체를 불러올 위험성은 오히려 더 커진다. 이는 국내 대부분 상권의 동일한 상권의 타깃 고객층은 비슷하기 때문에 상권마다 특정 아이템과 업종 또한 집중되고 유사한 데 그 원인이 있다. 즉, 고깃집은 고깃집끼리 곱창집은 곱창집끼리 모이고, 아구찜골목, 국밥거리 등의 이름으로 집중된 것을 보면 알 수 있다.

고객은 특정 상권에서 비슷하거나 동일한 메뉴를 골라먹는 데 익숙

해져 있다. 결국 대박집뿐만 아니라, 보통 경쟁력을 가진 집, 그저 그런 집이 함께 고른 분포를 할 때, 대박집은 빛이 나고 보통 집, 그저 그런 집은 분발하게 되는 게 상권이다. 결국 경쟁점의 감소는 고객 감소로 연결되고, 이것은 매출 감소로 연결되는 악순환을 불러올 가능성이 커진다. 창업자든, 상가 투자자든 상권의 공실 못지않게 이런 경쟁점들이 얼마나 감소하고 있는지를 살펴보는 것도 상권 변화를 살펴보는 데 의미 있는 일이다.

대한민국 대표 먹거리,
삼겹살집의 전망은?

최근 몇 년 동안 지속된 경기 하락과 2020년 상반기를 덮친 코로나 19로 인해서 대한민국 상권과 창업시장을 둘러싼 환경도 변하고 있다. 그렇다면 상권과 국내외 환경 변화로 인해서 대한민국 창업자들 2명 중 1명이 선택한다는 외식업 중에서 국민 대표 먹거리인 삼겹살집 창업을 준비하는 분들은 다음 사항들을 살펴야 한다.

수요와 공급 측면에서 고기와 삼겹살 시장을 살피자

주머니가 가벼워진 서민들로 인해서 저가 구이집들이 대세를 이어갈 것이라고 이야기하는 사람이 많다. 내 생각은 조금 다르다. 돼지고기의 공급 체계 전체를 봐야 할 것으로 생각하기 때문이다. 과거 전염병으로 인한 돼지고기 파동이 국내에 영향을 미쳤다면, 지난번 돼지열병과 같이 중국에서 유행한 전염병은 세계의 돼지고기 수급에 영향을 줘서 고기 수입 가격을 끌어올렸다.

코로나19는 과거에는 생각지도 못했던 마스크를 국가의 핵심 전략물자로 만들었다. 이번 사태를 겪으면서 세계 여러 나라는 곡물을 국가 전략 자산으로 관리하겠다고 선언한 상태다. 아마 육류도 이와 다르지 않아서 돼지고기 수출이 국가 기간 산업인 나라들도 식량 안보 차원에서 가격과 수급 관리를 할 것이 불 보듯 뻔하다. 이렇게 될 경우 이전 돼지열병에서도 겪었듯이 돼지고기 소비가 많은 중국이 공급망 안정화에 나선다면 얼마든지 돼지고기 가격 파동은 재연될 것이다. 결국 수입에 의존하는 돼지고기 가격은 해외 공급 변수에 의한 국내 시장의 변화를 좌우할 가능성이 더욱 커졌다. 이미 국내산의 경우 여름철 수요가 많아져 삼겹살이나 목살의 가격이 높은 공급가로 어려움을 겪고 있다.

해외 공급망의 문제로 인해 가격 파동 재연과 국내 고기 프랜차이즈 본사와 가맹점들이 어려움을 겪을 가능성이 커졌다. 코로나19 이후에는 이런 가격과 공급 체계를 관리하고 원재료 수급 가격 변화가 크지 않은 부위를 활용한 메뉴 개발을 적기에 할 수 있는 업체가 경쟁력을 유지할 가능성이 크다.

고깃집 매출과 수익성을 생각하자

경기가 아무리 좋지 않고, 공급 문제가 있더라도 대한민국에서는 한 삼겹살집이 문을 닫으면 또 다른 삼겹살집이 생겨날 것이다. 2010년 중반 직장인 중심으로 식사와 술을 한 번에 끝내려는 실속 소비가 자리를 잡으면서 1인분(180g)에 비교적 비싼 13,000~15,000원 하는 프리미엄 삼겹살집은 줄을 서서 먹을 정도로 인기를 끌었다. 그러나 직장인들의 회식 감소와 더불어 직장인의 주머니가 가벼워지면서 등장한 것이 저가의 냉동삼겹살이다. 200g 1인분에 1만 원 전후, 실속 곁들임 메뉴로 인기를 끌면서 상권마다 웨이팅이 걸리는 집들도 심심치 않게 보게 되었다. 그런데 앞으로도 이런 추세가 계속될까?

냉동 삼겹살 대부분은 국내산이 아닌 수입산이다. 앞으로 고기 프랜차이즈 업체로서는 매장을 쉽게 개설할 수 있다는 장점으로 개설 홍보에 집중하면 손쉽게 창업하려는 신규 창업자를 찾을 수 있을 것이다. 또한 주머니가 가벼워진 소비자들에게는 냉동삼겹살만 한 먹거리도 없을 것이다. 그런데 앞서 언급했듯이 코로나19 이후 공급의 문제와 함께 안정적인 가격 유지는 무엇보다 중요하다. 결국 달라진 상권 환경에서 얼마를 파느냐와 함께 얼마를 남길 것이냐가 중요하게 되었다. 다음은 달라진 고깃집 운영 환경들이다.

사라진 한 바퀴 회전율, 어떻게 할까?

고깃집 매출을 계산할 때는 일반적으로 회전율을 가지고 계산한다. 프리미엄 고기집의 권장 점포 면적은 일반적으로 40평 전후를 선호했는데, 이 정도 규모면 4인용 테이블을 17~18개 정도 배치한다. 여기에 테이블 단가는 오피스가를 기준으로 6만 원 정도다. 업계 이야기를 들어보면 2015년도나 지금이나 큰 차이가 없고, 오히려 더 떨어지는 추세라고 한다(면적이 줄어들면 30평 전후가 12~13개 테이블). 물론 저가 메뉴라면 테이블 단가는 이보다 더 떨어지겠고, 앞으로 테이블을 좀 더 촘촘하게 배치하기도 어려울 것이란 점도 고려해야 한다.

그렇다면 한번 생각해보자. 코로나19 이전에 잘되는 고깃집은 3~4 회전 이상 하는 곳도 많았다고 하지만, 대다수 그나마 유지하는 곳이 평균 2회전 정도를 기록하고 있었다. 그런데 회사 회식과 모임이 감소하면서 과거에는 밤 12시가 넘어가는 곳도 이제는 10시가 넘어가면 손님 찾기 어려운 상권이 많다. 결국은 테이블 회전율이 줄어들고, 많은 경우 1회전 이상 날아갔고 앞으로 이 현상은 더욱 두드러질 것이다. 여기서 고깃집 사장님은 날아간 회전수를 어떻게 보완할 것이냐의 문제에 봉착한다.

줄어든 회전율, 매출액, 수익성을 어떻게 확보할까?

줄어든 마진폭, 계절 수요, 공급에 차질이 있을 경우 돼지고기 원육 가격은 상승하고 마진율은 더욱 축소된다. 여기서 처음 메뉴 설계를 할 때 박리다매로 팔 수 있는 것도 한계가 있을 것이다. 결국 테이블 단가를 높여서 짧은 회전율에도 높은 매출을 올리거나 상대적으로 많이 남는 메뉴로 장사를 해야 한다. 결국 메뉴 선정의 문제가 가장 중요하게 된다.

- 홀에서 테이블 단가와 마진율이 큰 메뉴는 무엇인가?
- 홀 매출이 더 이상 어렵다면 결국은 코로나19로 매출 비중이 증가하고 있는 배달에 적합한 메뉴를 어떻게 설계할 것인가?
- 홀 내에 추가 매출을 올릴 수 있는 부가 매출 방안은 없는가?

어떤 상권을 선택할 것인가?

프리미엄 삼겹살집에 최적화된 상권은 직장인의 회식과 모임이 많은 오피스와 역세권이었다. 또한 부동산이나 상권 전문가 대다수는 앞으로 상가 투자를 하더라도 사람들이 모이는 역세권 외에는 대안이 없다는 이야기를 한다. 오랫동안 우리 상권에서 최고는 이동이 편리한 역세권이었다. 그러나 기업이 도심을 이탈하고, 재택근무가 늘어나면서 과거와 같은 회식과 모임이 감소하면서 역세권으로의 집중도는 떨어지게 되므로 역세권은 과거와 같은 호황을 누리기 어려울 것이다. 그러나 역세권은 여전히 높은 권리금과 임대료가 유지되고 있다.

앞의 이야기를 종합하면 앞으로 어떤 메뉴를 가지고, 어떤 타깃 고객을 대상으로 영업할 것인지의 설정이 무엇보다 중요해졌다는 것이다. 코로나19 이전에도 상권은 많은 변화를 겪었지만, 이 상황이 끝난다면 더 많은 변화가 진행될 것이다. 결국 국민 대표 먹거리인 삼겹살과 고깃집이 어느 날 갑자기 없어지고 문을 닫을 가능성은 없지만, 코로나19에 대응해서 어떻게 적응하느냐가 성패를 좌우할 것으로 예상된다.

다시 은행이 입점할 수 있을까?

　내가 하는 업무는 기업과 개인의 의뢰를 받아서 상권과 시장 조사, 입지 적합성 등을 판단하는 상권 분석 용역 컨설팅이다. 20여 년 이상 이 일을 해올 수 있었던 것은 전적으로 기업의 의뢰가 압도적으로 높아서 가능했다. 그중에서도 지역은행인 지역농협, 신협, 새마을금고의 지점 개설을 위한 상권 분석 컨설팅이 400회가 넘다 보니 이때의 전국 주요 상권을 다뤄본 경험이 다른 업무로 현장 상권 분석을 할 때 많은 힘이 된다. 많은 분들을 만나다보면 이해 관계자도 있는데, 특히 은행 입점이 가능한지 상권 자문을 요청하는 건물주 분들을 자주 만나게 된다.

　2018년 은행권 구조조정이 한창 진행 중인 시점에 실제 이런 자문 요청을 여러 건 받았다. 그중 한 사례는 수도권 한 도시의 상업용 건물 2층에 ○○은행이 철수한 공실 상가를 보유한 분으로부터 다시 은행권의 임대가 가능할지에 대한 검토를 해달라는 자문 요청이었다.

은행이 입주해 있을 때를 기준으로 한 상가 조건은 다음과 같다.

- 상가 규모 : 전체 11층 상가
- 해당 층수와 면적 : 2층 계약면적 220평 / 전용면적 140평
- 이전 임대료 : 보증금 5억 원 / 월세 700만 원
- 매매 예상가 : 20억 원(구분상가)
- 매매 예상가 기반 수익률 : 5.6% 수익률(이 정도면 요즘 상가 수익률로 는 우수한 편)

건물주들이 은행을 선호하는 이유는 임대료가 밀릴 위험이 없고, 장기적으로 한번 입주하면 안정적인 임대 관리가 가능하며, 특히 보증금 비율이 높기 때문에 목돈이 급한 건물주들이 선호한다. 일반적으로 은행이 지점 개설을 위해서 상업용 건물을 임대할 경우에는 보증금을 최대한 높이고 월 임대료를 낮추어서 비용 부담을 줄이려고 한다. 신규 상가 투자자 입장에서도 투자할 현금 비중이 낮아서 현금 자산이 부족한 투자자들은 은행이 임대 계획이 있다면 선호하는 것도 그런 이유에서다.

이 상가를 검토한 결과 시중 7개 은행(국민, 우리. 하나, 신한, 농협, 기업, SC제일) 중에서 상권에 이미 3개 은행이 있고, 인접한 상권에 2개 은행이 있으며, 나머지 2개는 지역 상권과 구조조정 진행 상황임을 감안하면 현실적으로 출점이 어려울 것이라고 이야기했다. 은행권은 2016년 이후 매년 두 자리 내지는 세 자리 수의 점포 통폐합을 통한 구조조정을 단행해왔다. 2019년 말 자료를 보더라도 2019년에 75개 점

포를 구조조정했고, 2020년 초까지 추가로 81개 점포가 통폐합되었다 (2019년 12월 24일자 〈조선비즈〉 기사 참고). 또한, 앞으로도 경기 악화와 온라인거래의 활성화, 주택담보대출 축소로 비용 축소를 위한 은행권의 구조조정은 지속될 것으로 예상된다. 결국 이 지역에 지난해를 기준으로 보더라도 시중은행 출점은 현실적으로 어렵다고 말씀드렸다.

다음으로는 지역은행인 지역농협, 신협, 새마을금고를 검토해보았다. 이 상권 내에 지역농협 공통 브랜드를 사용하는 지역축협이 입점한 상황으로 지역농협간 거리제한으로 출점이 불가능한 상황이었다. 나머지 지역신협과 지역새마을금고의 출점을 검토했으나 배후세대가 취약한 반면에 상업 지역 중 유흥 지역의 범위가 넓어서 양 금융기관의 입점 가능성도 불가능한 상황이고, 무엇보다 이들이 출점할 경우 실제 전용면적은 최대 40평 전후만 필요하므로 나머지 100여 평을 다시 분할해 적정 업종에 임대하기도 쉽지 않을 것이라고 조언했다. 이외 저축은행과 그 외 지방은행 지점의 출점도 상권 상황으로서 여의치 않을 것이라고 했다.

과거 은행들은 지역에 수익이 나지 않더라도 정책적으로 진출하는 경우가 있지만 요즘은 철저히 수익 위주로 점포를 재편하고 있다는 점도 염두에 둬야 한다. 특히 IMF와 2000년대 중후반 금융 위기를 거치면서 금융 부실이 국가 경제를 위기에 빠뜨렸던 전례가 있기 때문에 감독기관에서도 더욱 엄격하게 관리하고 있다.

그렇다면 새로운 대안을 찾아야 할 필요가 있었다. 내가 주목한 것은 지하철역과 가깝다는 입지적인 부분, 2층이지만 의료용 엘리베이터가 설치되어 있어서 상층부에 4개 메디컬(내과검진센터, 한의원, 치과, 피부과)이 개원한 상황에 주목했다. 지역적으로 노인인구가 증가하고, 교통이 편리하다면 은행 계열보다는 용도변경 여부를 확인한 뒤 대형 면적이 필요한 정형외과 계열의 병원을 유치하라는 조언을 하며 자문을 끝마쳤다(외래전문 정형외과도 일반적인 개원 규모는 100평 전후다). 지난해 말 연락을 해보니 전체 보증금을 좀 낮추고 월 임대료를 조정해서 성공적으로 정형외과 병원을 유치하는 데 성공했다는 이야기를 들었다.

앞서 나는 상가 투자의 경우 현재 업종이 나가서 공실이 되었다면 이 상가를 활용할 수 있는 대체 업종을 찾는 게 필요하다는 언급을 여러 번 했다. 상가는 활용할 수 없다면 상가가 아니기 때문이다.

타깃 고객 확인은 상가 투자와
창업에서 모두 필요하다

상가 투자와 창업을 위한 상권 조사에 가장 중요한 사항 중 하나는 상권에서 소비를 하게 될 타깃 고객이다. 이 타깃 고객군에 적합한 아이템으로 창업을 할 경우 성공할 수 있지만, 타깃 고객군 설정이 잘못되었을 경우 실패를 맛보게 된다. 이것은 상가에 투자해 안정적인 월세 수익을 목표로 할 경우에도 타깃이 젊을 경우 비교적 업종의 손 바뀜이 심하지만 타깃 고객의 연령대가 높을 경우 매출이 급격하게 신장되지는 않지만 유행을 타지 않고 임차인은 비교적 오래 유지된다. 그렇다면 도시 상권에서 타깃 고객군을 어떻게 설정해야 할까? 앞서 언급했던 주거인구, 직장인구, 유동인구, 주거의 특성 조사도 결국은 상권에서 소비를 할 타깃 고객군이 얼마나 많은지를 확인하는 작업이다. 일반적인 타깃 고객군 확인은 다음의 조사 과정을 거친다.

얼마나 많이 살거나 이동하고 있는가?

유효한 상권 범위 내 배후세대와 유동인구의 규모를 판단하는 작업이다.

살고 있는 사람들의 소득 수준은 도시에서 어느 정도 수준인가?

의미 있는 소비를 하는 배후세대와 인구의 소득 수준을 판단하는 작업이다.

배후인구나 배후세대 범위 내에서 타깃 고객은 누구인가?

해당 업종은 성별, 연령별, 소득 수준, 환경적 요인에서 누가 소비를 하는지 정리한 후, 해당 상권 내에서 이들이 얼마나 많이 거주하고 유입되는지 판단하는 문제다.

타깃 고객을 세분화한다면?

상품이나 서비스를 소비할 때 그 구매를 결정하는 사람, 소비하는 사람, 지불을 결정하는 사람은 모두 다르다. 이 중에서 누가 중요할까? 세 사람이 모두 동일할 수도 있고, 두 부류가 일치하고, 하나가 다를 수도 있다. 이 중 가장 중요한 것은 구매 결정자다. 즉, 치킨을 사달라고 하는 아이들과 카드로 결제하는 부모 중에서 카드 소지자인 부모가 아니라 사달라고 조르는 구매 결정자인 아이들이 타깃 고객이 된다는 이야기다.

얼마나 많이 팔 것인가?

구매 패턴에 대한 문제로 나홀로 소비, 가족 소비, 직장인 소비에 따라서 단품, 묶음(벌크), 세트 메뉴의 구매 패턴이 모두 다르다.

언제 팔 것인가?

타깃 고객의 구매 시점에 대한 문제로 일주일에서 주중, 주말 중 언제 많이 팔리는가? 하루 중 언제 많이 팔리는가 하는 문제다.

얼마에 팔 것인가?

가격을 결정하는 문제로 일반적인 업종의 경우 상권 내 선택 업종과 경합 업종의 준거 가격을 기준으로 판단하거나 타깃 고객층이 충분한 지역의 경우 선택 대상 충성 고객을 좁혀서 10%, 20%, 30%를 대상으로 고가화 전략을 수립하기도 한다.

이러한 세분화 작업을 했다고 하더라도 도시 상권은 고객뿐만 아니라 상권의 범위도 평균화보다는 세분화되어간다는 점도 고려해야 한다. 상권 전체적으로는 특정 연령층과 성별이 많다 하더라도 특정 골목, 특정 상가, 특정 층수에 특정 타깃군이 집중된다면 이는 특정 섹터나 상가를 기준으로 타깃 고객을 판단하지 않으면 상권 분석이 제대로 이루어지지 않는다.

한 예를 들어보자. 최근 몇 년 사이 회사의 이전으로 직장인 수요가 많이 줄었지만 선릉역 상권은 여전히 30~40대 직장인들이 소비의 주체들로 타깃 고객군이다. 그러나 이곳 분당선 선릉역 8번 출구에서 선정릉 방향으로 선릉로를 따라서 올라가다보면 우측 진입도로인 선릉로100길이 있다. 좌측에는 선정릉 경계가 나타나고, 우측은 상가가 이어지는데 선정릉 경계를 따라서 섬성로95길과 봉은사로68길로 연결되어 마지막에 봉은사로와 만나게 된다. 이 도로 진입 구간부터 봉은사로68길에 접어들기 전까지는 호텔 등이 있긴 하지만 비교적 상가들이 활성화된 구역이다. 장사가 잘되는 업소로는 어복쟁반으로 유명한 '평가옥'을 비롯해, 일식집, 장어, 복어집, 한정식집, 가든, 남원추어탕이 있는데 이들 중 상당수는 이곳에서 영업을 한 지 10년 이상 된 업소들이다. 업종에서 보듯이 주로 40대 중반 이상 50대와 60대 이상 중장년층의 단골집들이 많다.

이 구역은 야간뿐만 아니라 주간에도 고급 승용차들이 주차장을 메우고 있고, 야간에는 발레파킹도 일반화되어 있는 곳이다. 선릉역의 일반화된 30대~40대가 아니라 이 구역은 40대 중반 이상 소비력을 갖춘 중장년층이 타깃 고객이라는 이야기다. 이런 곳에 30~40대 대상의 음식점을 창업할 경우 낮은 객단가와 주변의 조용한 분위기로 인해서 테이블 회전율이 낮을 수밖에 없는 것이다. 반대로 소득 수준이 있는 40대 중반 이상 중장년층을 대상으로 한다면 고단가 음식점뿐만 아니라 이들을 대상으로 한 건강, 취미 관련 숍을 회원제로 운영하는 것도 효과가 있을 듯하다.

이와 같이 하나의 상권이라도 여러 개 타깃 고객군이 나타나므로 특정 섹터에 상가 투자를 하거나 창업을 하더라도 상권의 평균을 나타내는 데이터는 참고사항일 뿐이고, 현장 확인을 통해서 타깃 고객군을 특정해야 상가 투자든 창업이든 성공할 수 있다.

업종과 타깃 고객과의 궁합이
맞아야 성공한다

내 본업이 창업 관련 컨설팅이긴 하지만 개인 의뢰인 선택에서는 신중을 기한다. 창업자마다 능력이 다르고, 준비되지 않은 창업자에게 컨설턴트가 도움을 준다 하더라도 성공하기는 점점 어려워지고 있는 현실 때문이다. 컨설턴트는 전체 창업 과정에 도움을 주는 것이 아니라 의뢰인이 부족한 부분에 대해서 도움을 줄 때 성공 가능성이 높다고 생각한다. 컨설턴트 중에서 터무니없는 컨설팅 비용으로 자신에게 컨설팅을 맡기면 A부터 Z까지 다 알아서 성공 창업으로 이끌어주겠다는 메시아 같은 분도 있는데, 과연 정말 그런 분이 있을지 궁금해진다. 아무튼 신중을 기해서 의뢰인과 만나고 한 번 맺어지면 10년 이상 관계를 유지하고, 경우에 따라서는 멘토가 되고 나중에는 그들의 도움을 받기도 한다. 내가 창업 의뢰인과 만났을 때 확인하는 사항은 다음의 두 가지다.

첫째, 충분한 상품성을 확보하고 있는가를 확인한다. 개인 창업자,

프랜차이즈 업체를 막론하고 유행 아이템이 아니고, 본인이 기술력을 갖추고 있거나 상품성이 있는 프랜차이즈 업체를 선택했는가를 가지고 판단한다.

둘째, 선택 업종에 대한 정확한 타깃 고객 설정을 하고 있는가? 업종을 선택했다면 업종에 맞는 타깃 고객이 누구인지 충분한 고민을 하고 있는가를 확인한다. 이 부분은 의뢰인이 정확한 판단을 못할 경우 상담을 통해서 타깃 고객을 찾는 데 무리가 없는가를 따진다. 아직도 많은 창업자들이 타깃 고객을 좁히기보다는 외형적인 상권, 입지 조건만 따지고, 타깃 고객을 확대하기를 원한다. 아무리 대중적인 아이템이 있다 하더라도 마케팅 포인트를 최대한 좁히고 집중할 때 타깃 고객은 분명해진다.

이런 조건을 놓고 봤을 때, 이제까지 내가 컨설팅을 하면서 가장 인상적이었던 경우는 일본식 자가제면 M우동 전문점으로 대치동 1호점과 수내역 2호점의 상권, 입지 컨설팅을 의뢰받아서 진행했다. 상호를 밝히지 않더라도 이 지역의 맛집을 검색하면 수도 없이 노출되니, 오해를 살 수도 있을 듯해서 상호는 굳이 밝히지 않겠다. 두 분은 동업 사장님으로 이전 초밥집을 운영했던 분들로 사업 경험은 충분하고, 일본식 자가제면 우동전문점을 하기 위해서 수년간 기술 축적을 했고, 비싼 자가제면 기계를 수입하거나 비싼 프랜차이즈 가맹을 하지 않고 일본에서 직접 제면기를 구입할 정도로 적극적인 분들이었다. 그만큼 일에 대한 집중성 준비가 철저했다는 이야기다.

1호점 대치동 상권은 어떤 곳인가?

자가제면 일본식 우동 1호점을 내던 시점인 2016년 즈음에 7,500원 8,000원에 함께 팔리는 돈카츠 모두 가격이 일반 우동 돈카츠 전문점보다 비싸기 때문에 타깃 고객이 지불 가격을 충분히 감당하는 상권이 되어야 했다. 또한 주중에 편향되기보다 일주일 상권, 그리고 강남, 서초, 송파 상권에서 찾기를 원했다. 몰(Mall) 상권을 제외한다면 과연 어디를 선택해야 할까?

이런 조건으로 선택 상권을 좁힌다면 아마도 대치동 분당선 한티역 상권만 한 상권도 없을 것이다. 도곡로를 사이에 두고 대치동과 도곡동의 풍부한 아파트 단지와 대치동 학원가, 롯데백화점 강남점이 있고, 한티역은 분당선에서 비교적 이용객이 많아서 승하차 인원이 약 3만 명에 달한다. 자가제면 우동과 돈카츠는 담백한 음식을 좋아하는 중장년층부터 학생층들 모두 주요 타깃 고객으로 설정할 수 있는 장점이 있다. 그러나 롯데 강남점 뒤 사거리 인근은 월 임대료, 권리금 모두 감당하기 어려운 금액으로 이들이 출점하기에는 현실적인 어려움이 있었다. 이 시기 M우동 전문점과 경쟁 우위에 있는 자가제면 우동전문점이 없다는 점에 착안해 좋은 입지는 포기하고, 권리금 수준이 낮고 월 임대료는 A급지의 1/3 수준의 점포를 찾아서 창업을 했다. 초반 약 6개월은 고전했지만, 이후 이분들의 실력이 나오면서 그 뒤로는 고속으로 매출도 상승하고 방송, 언론에도 소개되었다. 이후 약 2년이 지난 어느 날 2호점을 열겠다고 연락이 왔다.

수내 2호점의 상권, 입지 선택은?

2018년 추석이 지나고 2호점 출점을 위한 상권, 입지를 의뢰받았다. 가족 중심의 일주일 상권이라는 조건으로 첫 번째 희망 상권은 대치동과 비슷한 학원가가 있는 중계동이었다. 현장 조사 후 대치동과 중계동의 우동, 면류에 대한 준거 가격이 큰 차이가 난다는 것을 알았다. 대치동의 경우 부모 카드로 8, 9000원 하는 돈카츠를 먹는 데 큰 부담이 없다면, 중계동의 가격은 5,000원 전후로 약 3~4000원의 차이를 메우기는 현실적으로 어렵다고 판단하고 포기했다.

두 번째는 분당 역세권에 대한 검토였다. 분당 상권을 검토 대상으로 한 이유는 분당 주민들의 생활권은 모두 분당선 역세권을 중심이고 1기 신도시인 일산 상권과 달리 주중의 점심과 저녁에는 풍부한 직장 수요가 있고, 주말과 저녁에는 지역 주민들의 소비가 큰 상권이라는 점이다. 분당의 대표 상권은 가장 오래된 서현, 분당선과 신분당선이 환승되는 정자역 두 곳을 꼽을 수 있지만, 선점 업체와 다른 메뉴들이 풍부한 서현과 정자의 경우 출점할 경우 선두 업체를 이길 수 없다는 판단에 상권 규모가 작지만 수내역을 선택했다. 또한 권리금 수준이 1/3 정도고, 임대료 또한 상대적으로 낮은 입지를 선택할 수 있었던 게 결정적 이유였다.

2호점 출점 이후 예상대로 점심과 저녁 모두 충분한 경쟁력을 보여주고 있으며 순항 중이다. M우동 전문점 1, 2호점 모두 업종에 맞는 타깃 고객을 설정하고, 그에 맞는 상권, 입지를 선택했기 때문에 순항할 수 있었다.

상권과
상가의 사례

경치 좋은 수변상가 투자 어떨까?

수변상가 뷰 포인트 관찰하기

2000년 이후 신도시를 조성하면서 랜드마크 트렌드로 자리 잡은 것이 인공으로 조성된 수로나 자연, 인공 호수 뷰포인트에 컨셉을 둔 수변상가다. 이전에도 1995년도 일산호수공원과 같이 대규모 인공호수공원이 있었지만, 상가 지역과는 분리된 인공호수 주변의 공원화 사업이 포인트였으므로 수변상가 조성과는 거리가 있었다.

이 수변상가에 투자하거나 창업하려는 분들과 상담해보면 많은 분들이 물이 흐르는 수변 카페에 앉아서 차 한 잔하는 것에 대한 로망이 큰 듯하다. 그런데 이런 대규모 자연(인공) 수변상가의 경우 도시 주민들의 공원으로서 기능은 우수하지만 배치된 수변상가의 활성화는 생각을 해봐야 한다.

대표적으로 도시 중심에 자연호수와 하천을 확장준설해 공원으로 조성한 광교신도시(원천호수, 신대호수)와 미사강변도시(망월천)가 있지만, 주변 상권 기능보다는 공원 기능 그 이상을 하지 못하고 있다. 물론 송도의 커넬워크와 같이 커넬(수로)을 테마로 상가를 설계해 중심에 수로를 배치한 곳도 있지만, 이 상가도 분양 초기에 임대 수요를 맞추기 어려워서 리테일 업체에 위탁한 뒤 임대 수요를 맞출 수 있었다. 그러나 송도 커넬워크는 송도 동쪽에 대형아울렛과 쇼핑몰들이 들어서면서 상권 이동으로 어려움을 겪고 있다.

수도권뿐만 아니라 지방 수변상가로 조성된 곳 중에서 안정적으로 상권이 활성화된 곳은 생각보다 많지 않은데, 수변상가의 경우 어떤 문제들이 발생하고 극복해야 하는지를 상가 투자자, 임차인 모두 검토 후 선택해야 한다.

수변상가, 계절의 역습 – 여름과 겨울

수변상가 조성 초기에 상가 시행사들 중 겨울 문제를 언급한 곳은 많지만, 실제 여름 문제에 대해서 언급하는 곳을 본 적이 없다. 수변상가의 여름 문제는 다음과 같다. 먼저, 여름철 뜨거운 햇빛으로 인해서 콘크리트와 수변에 물에서 반사되는 복사열이 발생하고, 고온 다습한 우리 여름 기후와 만나면 수변은 용광로가 된다. 이 문제를 감안해 수변 설계 시 충분한 나무와 숲을 함께 조성하지 않으면 여름이 힘겨워질 수 있다. 두 번째는 여름 모기, 벌레와의 전쟁이다. 이 부분은 인공 구조물

수로에 정상적인 물 순환이 이루어지지 않을 경우 물이 썩게 되고, 이 곳은 모기와 벌레들의 좋은 서식지가 될 수 있음을 의미한다. 마지막으로 겨울 수변은 바람의 통로가 되어 기온을 떨어뜨려서 겨울철 장사를 어렵게 한다. 이 부분에 있어서는 상가 분양사에서도 겨울 장사가 어렵다는 점을 언급하고 있다.

수변상가 구조의 문제

지역 주민들의 생활을 위한 이동 접근성과는 거리가 있다. 수변에 위치한 수변 방향 상가는 지역 주민들이 의도를 가지고 접근해야 도달할 수 있는 구조로 설계된 경우가 많다. 미사강변도시의 자연 하천을 준설 정비한 망월천변 수변상가는 지역 주민들의 생활 동선은 중심 상업지역과 수변상가 사이의 수변 반대편 도로를 이용하고, 수변 방향의 상가는 상가를 찾거나 수변 공원 산책을 위해서만 접근한다.

다음 인공수로 형태인 청라신도시와 김포한강신도시 라베니체 수변상가는 중앙에 깊은 수로를 만들고, 이 수로를 따라서 좌우로 상가를 배치한 구조다. 따라서 수로 방향의 상가는 주민 이동로에서 수로 아래로 내려가야만 접근할 수 있는 구조라서 수변 방향에서 1층이지만, 지상 도로에서는 지하층이 되는 구조다(공부상도 지하층에 해당).

수변상가는 어떤 업종이 성공할까?

앞서 언급했지만 근사한 야경이 아름다운 수변상가라고 하면 아름다운 카페에 앉아서 차 한 잔 마시는 그림을 그릴 것이다. 따라서 시행 분양했던 수변상가들은 하나같이 카페와 디저트 가게로 MD가 구성되었다. 순진한 상가 투자자나 창업자들이 이런 그림을 그리고 투자를 하지만, 이런 수변상가에서 카페가 성공하기는 정말 어렵고, 성공하더라도 배후세대가 충족되고 도시 자족 기능이 증가해야만 가능한 이야기다. 이런 조건을 갖추기 위해서는 수년이 걸린다는 것을 알아야 한다.

우선 이런 수변상가 주변 아파트 숲이나 신도시의 거주민들은 주간에는 일터가 있는 다른 도시에서 일을 하므로 한가하게 차를 마시는 사람이 없다는 것이 가장 큰 이유다. 이런 상황에서 퇴근 후 저녁 야경을 보면서 차를 마신다 하더라도 불과 15평 내외 카페에서 6개 내외의 테이블에 앉아서 한 시간 이상을 소비하고, 9시가 넘으면 손님이 끊어진다고 했을 때, 테이블을 가득 채운다 하더라도 하루 10만 원 매출을 넘기기도 어렵게 된다.

또한 여러 번 언급했지만 우리와 같이 사계절이 분명한 상황에서 수변의 바람길에 앉아서 봄, 여름, 가을은 햇볕이 뜨겁고, 겨울이면 추운 곳에서 차를 마실 수 있는 환경이 될 수 없다. 이렇다 보니 실제 상권이 정착되기 시작한 수변상가를 보면 카페보다는 15평 내외의 한 칸이나 30평 두 칸을 이용해 비교적 저녁 시간이 활성화되는 술집과 고깃집이 많은 것도 이런 이유에서다.

입주 초기 고전하던 미사강변도시 수변상가 망월천변도 상업지구

18,000여 세대 오피스텔 입주가 탄력을 받으면서 직장이 서울인 거주자들이 퇴근하면서 수변상가가 활기를 띠기 시작했는데, 진입 업종 역시 술집과 고깃집이 중심을 이루고 있다. 그런데 수변상가들 상당수에 술집과 고깃집이 많이 입점하게 되면, 지역에 따라서 수변을 금연구역으로 설정할 경우 흡연실 설치가 어려운 술집이나 고깃집에서는 상당한 불편을 호소하고, 이는 매출에 지장을 초래하기도 한다는 점을 감안해야 한다.

근사한 수변상가는 경치는 좋지만, 실제 상가의 활용과 고객 접근에서 큰 차이가 발생한다는 것을 알아야 한다. 어떤 상권이나 상가든지 외형적인 이미지와 실제 그 속성은 큰 차이가 있다는 점을 알고 나서 투자든 창업이든 선택이 이루어져야 한다.

지식산업센터 내 근린생활시설 투자는?

지식산업센터가 증가하고 있는 이유

최근 신문과 인터넷을 통해서 분양 광고가 부쩍 늘어난 수익성 부동산 중 하나가 지식산업센터다. 지식산업센터 투자의 장점은 상업용 시설에 비해서 상대적으로 투자 금액이 낮다는 것인데, 이러한 이유로 직장인, 주부, 퇴직자들의 관심이 증가하고 있다. 지식산업센터는 제조업, 지식기반, 정보통신 및 특정 산업 육성을 위해서 산업단지공단이나 지방자치단체가 인정하는 시설로 규정하고 있다. 따라서 정부나 지방자치단체에서는 실수요자의 경우, 사옥이나 연구소 목적으로 취득할 경우 한시적이긴 하지만 취득세와 재산세를 감면하고 대출에 있어서도 다른 상업용 건물에 비해서 혜택을 주고 있다(2019년 기준).

지식산업센터는 일반 오피스 건물에 비해서도, 규모에서도 연면적 2만 평 이상은 어렵지 않게 찾을 수 있고, 대형 규모는 5만 평 이상 넘어가는 경우도 수도권 인근에 시행되는 사례에서 늘어나고 있다. 통상 오피스 건물의 경우 연면적 10평(33㎡)/1인으로 계산할 경우, 완전 입주 시 연면적 5만 평은 5,000명 이상이 상주한다고 보면 상당히 매력적인 투자처다. 지식산업센터 섹션은 일반적으로 아파트형 공장(섹션 오피스 포함), 지원시설인 근린생활시설과 일부 근무자들의 기숙사로 구성되는 게 일반적이다.

지식산업센터가 인기가 높은 것은 시행사, 지방자치단체, 투자자들의 이해와도 일치하는 측면이 있다. 먼저 시행사로서는 신도시 지역의 자족시설, 도심 인근의 공업, 준공업 지역, 슬럼화된 지역에 위치해서 상업 지역이나 준주거 지역보다는 상대적으로 낮은 토지 비용으로 인해 분양가를 낮출 수 있어서 투자 회수를 용이하게 해준다.

다음으로 지방자치단체로서는 기업이 입주함으로써 일자리와 세수(稅收)가 확보된다는 측면에서도 지식산업센터 시행 시 지원과 육성을 할 수밖에 없다. 또한 슬럼화된 지역의 경우 인근까지 개발이 확대되면 지역경제 활성화에 보탬이 된다는 긍정적인 효과가 있다.

마지막으로 직접 사용을 위한 실수요자가 아니라도 임대 수입을 기대하는 투자자들로서는 비록 세제 지원은 받지 못하지만, 일반적인 상업용 건물 투자에 비해서 낮은 투자비용으로 매월 안정적인 월세 수익을 기대할 수 있다.

그러나 지식산업센터는 시행사나 지방자치단체들로서는 분명 이점이 있는 사업이지만, 임대 수입을 기대하는 투자자들로서는 신도시 인근 자족시설에 경쟁적으로 사업이 진행되어 입주 1~2년이 지났지만 아직 절반도 채우지 못한 건물들이 쌓이고 있는 상황이므로 주의가 요구된다. 이러한 지식산업센터 시행이 늘어나면서 신규 부지의 가격 상승으로 분양가 또한 꾸준히 상승 기조를 유지해오고 있어서 부담이 증가하고 있는 것이 현실이다.

공실 없는 지식산업센터의 조건

지식산업센터가 활성화되기 위한 전제 조건은 무엇보다 업무용 공간인 아파트형 공장의 빠른 입주가 선결 조건인데, 수도권 인근 상권 조사를 해보면 지식산업센터가 활성화된 지역을 보면 공통적인 특징을 가지고 있다. 그 내용은 다음과 같다.

연관 업종의 강력한 클러스터 효과

대표적인 지역이 가산디지털단지와 판교테크노밸리로 두 지역 모두 첨단산업단지 지역으로 정부와 지자체가 적극 지원해 입주한 곳이다. 최근 오피스 상권 지하철 이용객 조사에서 가장 상승세를 보인 곳도 2호선이 있는 강남권보다는 가산디지털단지역의 1호선과 7호선이 환승하는 지역으로 2019년 기준으로 하더라도 1일 지하철 승하차 인원은 10만 명이 넘고, 계속 증가 추세를 이어가고 있다. 판교테크노밸리의 경우 판교1테크노밸리 성공에 이어 현재는 제2판교테크노밸리 사업이 진행 중이다.

편리한 업무 연관 교통 환경

지식산업단지가 집중 육성되는 지역을 보면 수도권과 지방 연결이 쉬운 지역에 집중되고, 특히 고속도로 진입이 편리한 IC 인근에 집중되는 경향이 있다. 대표적인 지역이 하남시와 화성시, 동탄신도시 지역으로 중부고속도로와 경부고속도로가 인접하고 쉽게 접근할 수 있는 IC가 인근에 있다.

편리한 출퇴근 환경과 신도시 자족 기능

출퇴근이 쉽고 신도시의 자족 기능 확대를 위해서 집중 육성하는 지역에 발전 가능성이 높다.

자족 산업단지 육성과 실행 의지

우리의 기업도시, 혁신도시를 포함한 신도시 조성 목적을 여러 가지로 이야기하지만, 정치적으로 접근해 도시가 조성된 사례가 많았다. 그렇다 보니, 도시 조성을 하면서 모두들 강조하는 것이 자족 기능이 충실한 도시를 만들겠다는 것이다. 그래서 과도하게 자족 업무용지나 미래 개발을 염두에 둔 복합용지로 지정하지만, 시행 후 사용 승인이 난 건물도 기업이 입주하지 않아서 공실인 경우가 수도권 인근에도 쌓여 있다.

코로나19 이후 3기 신도시 사업이 본격 진행될 예정인데, 정부에서는 자족 기능이 충실한 도시로 조성하겠다고 발표했다. 용지 지정도 중요하지만, 정부와 지방자치단체가 자족 기능에 충실한 신도시를 만드는 것은 지역에 적합한 산업을 선별 집중해서 유치할 수 있는 능력에 달렸다는 점을 염두에 둬야 한다.

서울 인근에서 지식산업센터가 성공했던 가산디지털단지, 구로디지털단지, 판교테크노밸리를 제외하고 교통 접근성이 좋아서 비교적 분양 성공 사례로 꼽히는 하남의 미사강변도시나 동탄신도시의 경우 초기 입주의 경우 성과를 냈지만, 이후 과도한 용지 지정과 시행으로 아직도 상당수는 완공된 지 1년 이상 공실이 많은 상황이다. 분양 성공과 입주 성공은 분명히 다르다는 점을 인식해야 한다.

지식산업센터 근린생활시설의 활성화 조건

지식산업센터의 지원 시설은 근무자들의 원활한 근무 환경을 지원하는 근린생활시설이 입주한다. 근린생활시설은 불특정 다수를 대상으로 하는 도시 상업 지역이나 주거 지역의 근린생활시설, 준주거라는 점에 비해서 지식산업센터는 센터 내 오피스 근무자라는 분명한 타깃 고객을 대상으로 한다. 또한 분양가가 일반적 상업시설이나 근린생활시설에 비교해서 저렴하기 때문에 투자 결정이 빠른 것이 특징이다. 그러나 지식산업센터는 상업 지역이나 주거 지역 상가에 비해서 상권의 핸디캡이 커서 투자 결정에서 지식산업센터 특수성을 충분히 인식하고 결정해야 한다. 특수성의 구체적인 내용은 다음과 같다.

첫째, 지식산업센터의 상가에서 정상적인 영업일은 일주일 중 5일이고, 영업시간은 점심 1~2시간, 저녁 1~2시간 정도다. 지식산업센터 상가는 분명한 타깃 고객이 있는 만큼 그들의 라이프 스타일에 따라서 움직인다. 지식산업센터의 경우 일주일 중 5일 근무일과 점심시간에 이용이 집중되고, 저녁 시간은 야근 근무자 외에는 퇴근 후 1~2시간 내에 모두 근무지를 벗어나게 된다.

둘째, 상권의 확장성이 떨어진다. 지식산업센터 인근 대규모 주거지역이 있을 경우에도 지역 주민들은 웬만해서는 지식산업센터 상가를 이용하지 않는다. 이것은 지식산업센터 상가에 입주하는 업종들은 근무자들이 먹고, 마시는 음식업과 업무 관련 지원시설에 국한되기 때문에 생활소비와 서비스업을 중심으로 입주하는 주거지역 근린생활시설과 차이가 있어서 지역 주민의 지식산업센터 내 상가 이용은 제한적일 수밖에 없다. 문정동 법조단지나, 구로디지털단지 내 상가들은 인접 지역에 모두 주거 지역이 위치하지만 지역 주민들이 지식산업센터 내 상가를 적극적으로 이용하지 않는 것도 그런 이유에서다.

다만, 지식산업센터 내 상가가 활성화되는 곳은 산업(첨단포함)단지에 주변 산업단지시설에 경쟁력 있는 상가가 없을 경우 경쟁력 있는 지식산업센터 근린생활시설 상가들로 집중 유입되는 특징을 가지고 있다. 대표적인 것이 판교테크노밸리의 유스페이스 1, 2로 이들 상가 주변 지식산업센터 내 근린생활시설은 경쟁력이 떨어져서 유스페이스 1, 2로 집중되는데, 이는 상가 경쟁력이 높은 업종들이 많기 때문이다.

따라서 지식산업센터 상가에 투자할 경우 주변 아파트나 주택 배후 세대를 고려하는 것보다는 인접 지식산업센터 상가들의 MD를 비교해 경쟁력 있는 브랜드와 업종, 다양성이 높은 상가의 진입 가능성을 평가한 뒤 투자를 결정해야 한다.

셋째, 지식산업센터 내 근린생활시설의 공공의 적은 구내식당이다. 지식산업센터 내 근린생활시설 중에서 경쟁력 있는 업종은 입주업체의 오피스 관련 지원 업종이나 업무 관련 인허가, 신고 관련 업종과 그 외에 입주자가 많다면 의료, 건강, 자기개발 관련 업종이다. 그러나 근린생활시설에서 압도적으로 높은 것은 먹고 마시는 식음료 업종이다. 그 중에서 음식점이 압도적인 비중을 차지하지만, 지식산업센터 규모가 클 경우 지하 전체 층이나 절반 정도에는 대형급식업체에서 위탁 운영하는 구내식당이 입주해 있다. 이들 구내식당의 경우 1~2년 전까지만 하더라도 5,000원 미만으로 최근에는 원재료, 인건비 인상으로 6,000원까지 올랐지만, 입점한 밥집들은 구내식당의 가격대와 매일 메뉴가 바뀌는 메뉴 경쟁력을 도저히 따라갈 수가 없다. 이런 특징 때문에 지식산업센터 내 상가들 중 가장 큰 비중을 차지하는 음식점들이 활성화되어야 상가 전체가 활성화된다. 따라서 음식점이 입주할 계획이라면 근무자들의 라이프 스타일과 구내식당의 특징을 정확히 이해하고 있어야 경쟁력을 유지할 수 있다. 그 내용을 정리하면 다음과 같다.

최대한 많은 인원을 제한된 시간에 해결

지식산업센터 내 음식점은 매출이 집중되는 점심시간 12시~1시 사이에 최대한 많은 인원을 채워서 영업해야 한다. 일반적인 주거지역 분식점의 경우 15평 이내인 것과 비교하면 지식산업센터 내 음식점은 최소 면적 25평 이상은 되어야 하는데, 이것은 제한된 시간에 동시에 많은 고객을 받아야 하기 때문이다.

제한된 시간, 빠른 회전을 위해서는 단일 메뉴가 최선의 선택

탕이나 해장국 종류가 남성 직장인이 많은 지역에 적합하고, 메뉴수가 적을수록 인건비를 줄일 수 있고 회전율은 높일 수 있다.

직장인 식사 문화는 2~3명 이상이 함께한다는 점

주력 매출이 발생하는 점심에는 혼자 식사하는 사람보다 함께 식사하는 사람이 많다. 여러 명을 상대할 수 있는 찌개류가 잘 팔리는 것도 그와 같은 이유에서다.

구내식당에서는 흉내 낼 수 없는 대중 아이템으로 승부

대표적인 것이 중국집으로 간혹 구내식당에서도 짜장면과 밥이 제공되지만 중국집 짜장면과는 경쟁이 안 된다.

바쁜 직장인

점심에도 시간을 아끼려는 사람들을 위한 테이크아웃 도시락이나 젊은 직장인이 많은 지역의 경우 햄버거, 피자, 샌드위치는 점심시간 배달로 콜사인이 반복되는 메뉴 중 하나이므로 관심을 가질 필요가 있다.

가로길이 포인트인 스트리트형 상가

스트리트형 상가 선택, 무엇을 살펴볼까?

국내 대형 상업용 건물의 개발 바람이 불면서 등장한 대표적인 상가 형태가 스트리트형 상가다. 스트리트형 상가는 보행자 도로를 상가 내부나 외부에 배치하고, 상가를 따라서 걸을 수 있게 조성된 상업용 건물을 말한다. 스트리트형 상가가 본격적으로 등장한 것은 2003년 일산 정발산역에 문을 연 라페스타로 약 300m에 6개 건물을 연결해 각각 상가에 테마를 주어 형성되었다. 뒤이어 라페스타 앞 광장 맞은편 역시 스트리트형 상가인 웨스턴돔이 350여 개 점포와 보행자 통로를 따라서 아일랜드 매대를 배치하며 문을 열었다.

2010년 이후 세종시를 비롯한 수도권 신도시에는 대형 스트리트형 상가가 앞다투어 개발되면서 붐을 이루었다. 이 시기 스트리트형 상가는 신도시의 특화 개발 지역을 중심으로 한 복합유통 용도의 상업용 건물과 주상복합형으로 저층부를 상가로 개발하고 상층부는 오피스텔이나 아파트로 개발하는 형태다. 대표적인 스트리트형 상가 중에서 도심형으로는 합정역세권에 개발된 메세나폴리스와 마포한강푸르지오 상가동인 딜라이트스퀘어가 있다. 신도시형으로는 판교와 광교의 아브뉴프랑, 동탄신도시의 반도유보라, 아이파크의 카림애비뉴상가가 있다. 그렇다면 스트리트형 상가의 특징을 파악하기 위해서 상가 광고에서 공통적으로 어떤 점을 어필하고 있고, 문제점은 없는지 살펴보자.

대규모 배후세대를 둔 중심 상권이나 항아리 상권

스트리트형 상가 광고에 자주 등장하는 것이 대규모 배후세대의 항아리 상권이나, 역세권의 도시 중심 상권이라는 것이다. 실질적으로 스트리트형 상가는 중심 상업지역, 일반 상업지역에 위치하기는 하지만 주상복합합형으로 저층부 지하1층~지상 2, 3층이 스트리트형 상가이고, 상층부는 아파트나 오피스텔로 구성된다. 주변에는 상업지역, 아파트 인근에는 근린생활시설이 위치해 경우에 따라서는 단지 내 상가 이상의 역할밖에 하지 못하는 상가도 있어서 생각만큼 상권 확장성이 미치지 못하는 경우가 있으므로 주의가 필요하다. 따라서 스트리트형 상가 경쟁력에서는 상가의 규모만큼이나 상권 확장성을 가지고 있는지도 따져보아야 한다. 경쟁력 있는 스트리트형 상가를 보면 교통 접근성과 기존 도심 배후지역 주민들의 집객력이 뛰어난 상가가 상권 확장성이 우수하다.

유럽풍 건축물

스트리트형 상가 홍보물을 보면 한 번 들으면 쉽게 기억하지도 못하는 이름을 붙여서 조형미가 뛰어난 유럽풍 건축물이라고 홍보하는 곳이 많다. 그러나 완공된 상가들을 답사해보면 주상복합의 특징상 상층부, 고층의 오피스텔, 아파트 무게로 인해 기둥이 지나치게 많다 보니 상가 내부 기둥으로 인해서 상당수는 입점 자체가 불가능한 곳도 있고, 가시성 사각지대가 많아서 연결 동선의 약점으로 상권 경쟁력이 떨어지는 곳도 많다는 것을 염두에 둬야 한다. 그러나 대부분 상가들이 분양 시점에서는 조감도나 일반 도면만으로 일반인이 완공된 모습을 예측하는 것이 쉽지 않다.

길을 따라 형성된 가로수길 상가

규모면에서 일반적인 플라자형 상가의 3~4배 이상에 달하고, 길이는 300m 이상 보행자 연결 도로를 따라서 구성된 상가들이 많다. 이 경우 상권 초기, 조기에 입주가 이루어지지 않으면 연결된 보행자 도로를 따라서 형성된 상가 수십 개가 공실이 이어져서 상권 활성화에 악영향을 미친다. 따라서 상권 활성화를 위해서는 동시에 빠른 입주를 완성시킬 수 있는 시행 분양사의 지원이 필요하다. 상가의 일정 부분을 시행사에서 키테넌트 역할을 할 수 있는 유망 브랜드에 임대 비율을 높이는 것이 상가의 빠른 활성화에 도움이 되므로 투자나 창업을 할 때에도 시행사에서 전략적으로 유치시킬 업종들에 대한 검토가 필요하다.

대기업 시행사의 안정성

규모가 일반적인 상업용지 상가들보나 많게는 5배 이상 크기 때문에 초기 땅값과 건축비 규모가 커서 대형 건설 시행사가 아니면 불가능한 사업이다. 따라서 대기업 시행사라는 것은 크게 의미를 둘 수 없고, 오히려 시행사가 시행한 다른 지역의 상가 사례를 참조하면 상가 미래를 예측해볼 수 있다. 사례를 살필 때 성공적인 분양을 한 것을 경쟁력으로 볼 것이 아니라 분양 이후 안정적으로 임차인이 입주해 영업이 정상적으로 이루어지는가를 살펴야 한다.

상층부 아파트와 오피스텔 입주자는?

스트리트형 상가를 홍보할 때 대규모 단지 내라고 홍보하는 경우가 많다. 그러나 스트리트형 상가 상층부의 아파트, 오피스텔에 거주하는 사람들은 경제생활은 보통 인접 지역이나 도시에서 하고, 야간과 주말에만 상권 내에서 생활하는 분들이 많다. 이것은 중심 상업지역이나 일반 상업지역에 위치한 스트리트형 상가의 특징상 어린 자녀들이 함께 생활하면서 거주하기에는 부적절한 환경이 많기 때문이다. 따라서 이런 지역 거주자 상당수는 생활이 자유로운 나홀로족, 신혼부부, 중장년층 부부들이 많다. 따라서 단지 내 거주세대가 많다 하더라도 일반적인 아파트 단지 상권보다는 배후 거주세대의 상권 영향력이 제한적인 경우가 많다.

대마불사, 상가의 큰 규모

스트리트형 상가는 구분상가의 규모만 200개 이상으로 구성되는 곳이 많다. 시행 분양사에는 상가 호실이 많아서 상가 MD 구성에서 다양성이 뛰어나고, 직접 MD 구성을 책임지겠다고도 한다. 그러나 대부분 업체에서 이를 책임지는 곳은 많지 않고, 상가의 규모가 크면 클수록 MD 구성을 어렵게 한다. 이것은 상가 투자자 각각이 모두 건물주가 되므로 별도 관리규약이 없다면 각각의 업종을 제약할 수 없어서 서로 가능성 있는 업체를 경쟁적으로 입점하려고 하기 때문에 MD 구색을 맞추기가 어렵다. 그리고 상가 시행 분양사에서 각 층에 적합한 업종의 필요면적에 따라서 상가를 구분한 것이 아니라 단순히 분양만 쉽게 하기 위해서 소형화로 상가를 공급하다 보니 공급된 면적에 맞는 업종을 맞추기 어렵다. 따라서 따져봐야 하는 것은 시행 분양사의 집객력이 큰 키테넌트 업종 유치 계획, 각각의 상가 투자자인 건물주들의 이해 조정을 위해 어떤 관리 체계를 갖고 있는지 살펴볼 필요가 있다. 스트리트형 상가에 관심이 있다면 광고들도 제대로 찬찬히 살펴볼 필요가 있다.

스트리트형 상가의 3년간 MD 구성의 변화

현장 상권 분석을 하면서 조사 방법 중 내가 후배들에게 권하는 방법이 바로 상가와 상권의 벤치마킹이다. 소비자의 소비습관이 비슷하기 때문에 국내 상권이나 상가 모델의 경우 차별화보다는 벤치마킹만큼 좋은 방법이 없기 때문이다.

2010년도 이후 대형 스트리트형 상가들의 입주에 있어서 시행사가 직접 별도의 리테일 관련 회사들에 의뢰해 빠른 시간에 입주자를 유치하는 곳이 점점 많아지고 있다. 그러나 이들 상가 상당수는 빠른 입주로 상가 경쟁력을 가지는 곳도 있지만, 인접 경쟁 상가에 밀리거나 잘 못된 MD 구성으로 상당히 고전하고 있다. 특히 키테넌트로 유치했던 전략 업종들이 철수하면서 상가에 상당한 타격을 줬는데, 대표적인 업종이 한식뷔페였다.

이런 대규모 스트리트형 상가에서 입주 업체가 빠지게 되면 즉각 공실을 채울 수도 있지만, 최근에는 공실률이 더욱 커지고 있는 곳도 증가하는 추세다. 그런데 몇 년 동안 스트리트형 상가의 MD 구성 변화를 살펴본 결과 공통점이 있었다. 몇 가지 공통점을 정리하면 다음과 같으니 MD 구성에 참조하기를 바란다.

특정 고객층, 특정 연령대에 국한된 업종에는 한계가 있다

스트리트형 상가의 초반 시행사는 강한 업종 간 집객력으로 고객을 유인하는 형태이다 보니 전략 업종을 각 층에 배치하고 특정 타깃군과 상권의 범위를 넓히는 형태로 입점 MD 전략을 짰다. MD 구성과 업종 변화를 살펴보면 특정 아이템을 좋아하는 계층과 연령대로서는 매출의 한계가 뚜렷했다. 특히, 신도시의 경우 배후 가족 고객이 주력인 점을 감안하면 특정 계층이나 연령층, 성별보다는 가족 구성원이 모두 좋아하거나 자녀층이 좋아하는 보수적인 업종이 수명 주기가 길고, 연령대 폭이 좁은 아이템일수록 폐점이 빨랐다.

카페, 디저트 아이템에서 폐점 비율이 높았다

앞서 언급했듯이 특정 연령층에서 좋아하는 특정 아이템을 주재료로 하는 아이템의 출점 비중이 높았으나 오히려 평범한 아이템이나 브랜드가 수명 주기가 길었다. 또한 경쟁점이 많을 경우 대중들이 쉽게 인지할 수 있는 브랜드의 인지도도 무시할 수 없는 부분인 듯하다. 같은 아이템이라도 가격대보다는 브랜드 인지도가 낮을수록 경쟁력이 떨어져서 폐점이 빨랐다.

패션·잡화 브랜드의 현상

패션·잡화 브랜드의 경우 의류점은 특정 단품류나 수입 브랜드보다는 인지도가 있는 국내 브랜드 여성 의류들과 여러 제품을 함께 취급하는 편집숍이 오래가는 듯하다. 특히 SPA브랜드는 강력한 집객 효과를 가지고 있었다. 또한 스트리트형 상가에서 구매를 결정하는 계층은 여성, 그중에서도 주부층이 결정 비율이 높았다.

전통적인 아이템이 안정적

스트리트형 상가들이 대부분 신도시에 입주해 트렌디한 아이템이 선전할 것 같지만, F&B 메뉴에서는 이미 시중에서 검증된 프랜차이즈나 경쟁력 있는 직영점을 위주로 출점하는 업체들이 잘 버티고 있었다. 이것을 스트리트형 상가들의 공통적인 현상으로 볼 수는 없지만, 신도시의 경우 배후 고객을 기반으로 하기 때문에 전체적인 방향은 크게 틀리지 않을 것이다. 다만 앞으로는 이제까지 잘 버텼던 업체들도 어느 순간 트렌드가 변해 문을 닫을 수 있는 개연성은 있다. 그만큼 상권은 변수가 많고, 특히 국내의 소비 트렌드는 빠르게 변화하고 있다.

골목길 상권
- 낮은 건물과 골목길이 매력적인 상권

골목길 상권 조사에서 무엇을 살펴봐야 할까?

콘크리트 빌딩 숲속의 대형 상업용 상가로 둘러싸인 도시에서 낮은 단독주택과 골목이 조화를 이루어 형성된 상권을 골목길 상권이라고 한다. 서울뿐만 아니라 전국적으로 도시 역사가 오래된 곳일수록 이런 골목길 상권 하나쯤은 가지고 있고, 지역뿐만 아니라 전국적으로 방문객을 불러들이는 명소가 된 곳이 많다.

직장인, 주부, 퇴직자들이 골목길 상권에 관심을 가지는 것은 잘만 선택하면 인생 후반전, 안정적인 월세 수익을 올리는 효자 노릇을 하기 때문이다. 그러나 수도권일수록 이런 골목길 상권의 수명 주기는 점점 짧아지고 있어서 골목길 상권의 특징과 상권 변화에 관심을 가지고 있어야 한다. 이런 골목길 상권을 선택할 때 조심할 것이 대부분 정점에 가까웠을 때 선택해 상권이 무너지기 시작하면 오히려 큰 손해를 볼 수도 있기 때문이다.

내가 이 골목길 상권에 대한 가치를 인식한 것도 역시 현장 상권 분석과 조사를 하면서부터다. 일반인들과 관련 업계 사람들을 모아서 현장 상권을 배우기 위한 상권 투어를 진행하면서 앞으로 유망할 진입 초기 서울의 대표적인 골목길 상권 투어를 진행해왔다. 그 첫 번째가 상권 투어를 시작하던 해인 2014년으로 경의선 숲길이 완공되기 전 연남동 상권이었다. 당시는 현재 가장 메인인 구연남파출소와 공항철도 홍대입구역 3번 출구 방향은 간간이 점포는 들어왔지만, 임대료도 10평 기준으로 100~150만 원 정도로 저렴했고, 건물 매매 시세는 평당 3,000만 원이 넘는 곳은 없었고, 연남동 동진시장 인근은 그냥 주택가로서 메인도 평당 1,000만 원 전후였던 시절이다. 당시 상권 투어를 진행했던 분들을 요즘 만나면 불과 몇 년 사이에 이렇게 급변할 줄은 몰랐다는 이야기를 한다.

다음으로 관심을 가졌던 지역 중 하나가 종로3가역 낙원상가 골목길 상권으로 지금의 익선동 골목길 상권이 시작되기 전인 2015년 초반이었다. 이 시기는 한창 삼청동이 잘나가던 시기로 누가 보아도 삼청동과 익선동은 비교가 되지 않는 시절이었다. 현재는 주말, 평일 가리지 않고 사람 발을 옮겨 놓을 수 없는 익선동 메인길인 5호선 4번 출구 맞은편 골목인데, 처음 방문했던 2015년 6월 이 골목은 저녁 8시가 넘으면 불빛 하나 찾을 수 없을 정도로 깜깜한 골목이었고, 이 골목 중간에 2015년 5월 오픈한 가맥집인 거북이슈퍼만 있었다. 이때 내가 익선동의 가치를 높게 보았던 이유는 무엇일까?

처마가 이어질 듯한 한옥 골목길과 시내 도심에 위치해 지하철역이 인접해 문화와 교통 접근성에서 이만큼 좋은 조건을 갖춘 곳도 없다는 생각 때문이었다. 그렇다면 이런 골목길 상권이 또 등장한다면 어떤 조건을 갖춘 곳에서 등장할 것인지 생각해보자.

어떤 콘텐츠와 가치를 지닌 상권인가?

콘텐츠와 가치가 단독으로 구성되는 경우도 있지만 이제까지 사례를 보면 복합적으로 구성된 경우가 많다는 점을 염두에 둘 필요가 있다.

- 문화와 역사 : 지역 근대 역사거리와 서울의 삼청동, 익선동이 이에 해당된다.
- 도시재생, 산동네 : 경의선숲길, 이화마을, 해방촌, 청주 수암골이 이에 해당된다.
- 지형, 지물 : 경치가 좋은 산동네가 위치했던 청주 수암골, 해방촌 등이 이에 해당된다.

누가 고객이 될 것인지?

골목길 상권의 강력한 구매력을 가진 계층은 지갑을 여는 것은 남성일지 모르지만, 타깃 고객은 20~30대 여성층이 될 것이다. 따라서 선택한 상권이 있다면 상권이 활성화되었을 때 20~30대 여성이 좋아할 것인지 검토해보자.

교통 접근성

최근 추세는 불편한 것을 기피해 교통 접근성이 좋은 곳에 골목길 상권이 형성되는데, 대표적인 상권이 앞서 언급한 익선동과 서울대입구역 샤로수길이다. 또한 교통 접근성이 불편하다면 타깃 고객층이 불편을 감수하고라도 접근에 재미를 느낄 것인지 검토해야 한다.

인접 상권에 대한 이해

경리단은 이태원 상권이 확대되면서 발전했고, 연남동 상권은 홍대 상권의 확장과 임대료의 영향 때문에 처음 형성되었다. 이에 비해서 상암동 상권은 국내 유수의 방송사들이 모여 있어서 관광객들이 유입될 것으로 예상했지만 활성화되지 못했다. 이것은 홍대, 합정 상권이 너무 가까운 거리에 인접해 있어 방송국 녹화가 있어도 방청객은 상암동 상권보다 홍대와 합정 상권을 이용하기 때문이다. 따라서 인접 상권이 긍정 요소가 될지 부정 요소가 될지 평가할 수 있어야 한다. 이 중에서 경리단 상권은 2017년 이후 침체를 맞고 있는데, 코로나19 이후 이태원의 클럽 등에서 코로나19 환자가 속출하면서 다시 침체기에 빠져들었다.

어떤 입지(대상 건물)를 선택할까?

아무리 유망한 상권이라도 골목길 상권에서 입지를 선택해 어떻게 개발하느냐에 따라서 수익률은 하늘과 땅 만큼의 차이가 난다. 따라서 충분한 검토와 창의성을 발휘해 선택한 물건의 활용 방법을 찾아야 하는데, 주요 검토사항은 다음과 같다.

- 전체 상권 내에서의 위치에 대한 검토 : 내부 상권 이해도 필요(상권 완성 시 유입 고객의 주요 이동로 예측)
- 대지 면적
- 땅의 모양
- 건축 면적
- 각 층별 업종 구성에 대한 고민(실질적으로 이것이 성패를 좌우)
- 최대 효용성을 높일 수 있는 전략 : 리모델링을 통해 어떻게 수익을 확보할 것인가의 문제

　다음은 일반적인 골목길 상가의 두 가지 유형이다. 주로 단독이나 다가구주택을 리모델링해서 상가로 변경하는데, 상권에 따라서 경쟁력 요소가 다르므로 상권에 맞게 리모델링 계획을 수립해서 진행할 때 최대 효과가 나타난다.

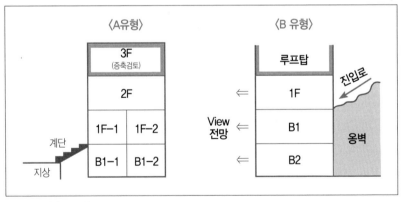

골목길 상가의 두 유형

- A유형 : 연남동과 같이 상가의 집적도가 높은 지역으로 주로 다가구 주택을 상가로 리모델링한 형태다. 지하 1~2층 규모가 대부분이다. 이때 지층의 깊이가 깊지 않고, 1층까지는 2개 호수의 점포를 구성해서 입점시킬 적합 업종을 구성할 수 있는지가 관건이다. 또한 용적률에 여유가 있을 경우, 3층 증축을 통해 추가 업종을 입점시킬 때 수익률은 최대가 된다.
- B유형 : 경리단, 해방촌과 같이 고지대 상가나 주택을 리모델링한 것으로 한쪽 면은 옹벽이 가로막고 있는 경우가 많은 공부상 지층이 된다. 고지대기 때문에 반대편 전면부 전망과 1층의 접근 편의성. 루프탑 조망권 여부가 상가 경쟁력 요소다.

  ※ 비고 : 두 유형 모두 건축법이나 지형 구조상 리모델링이 불가능하거나 용도 변경이 어려운 경우가 발생하므로 반드시 전문 건축사, 부동산 중개인의 자문을 받아서 진행해야 낭패를 보지 않는다.

부동산 중개업소, 건축사와 친해지기

거래 추이, 임대료 수준, 지역의 분위기를 탐색한다. 선택한 입지가 있다면 리모델링 시 법적인 부분에 대한 검토, 효율성을 높이기 위한 구성 전략에서 지역 건축사의 자문과 추후 리모델링 시 설계가 필요하다.

경리단 상권의 전성기는 몇 년이었을까?

골목길 상권의 수명 주기가 짧아지면서 투자한 상권의 수명이 얼마나 갈지는 무엇보다 중요한 문제가 되었다. 즉, 들어갈 때와 나올 때의 판단이 그만큼 중요해졌다는 이야기다. 골목길 상권의 수명 주기를 따지면서 가장 많이 언급하는 것이 경리단 상권이다. 그만큼 골목길 상권 중에서도 경리단 상권이 가장 부침이 컸고, 언론에서도 서울의 대표적인 골목길 상권으로 주목받다가 어느 순간 침체한 원인에 대해서 해답을 명쾌하게 내리지 못하고 있다.

논란을 보면 경리단 상권의 침체 원인은 임대료 인상에 의한 젠트리피케이션, 경사가 심한 접근성의 문제, 주차장 문제, 골목길 상권을 찾는 고객들의 트렌드 변화, 과거와 다른 새로운 상권으로의 이동, 1인 지불 단가의 지속적인 하락 등등 여러 이유가 존재한다. 최근 코로나19 이후 이태원 상권에 인접해 다시 영향을 받으면서 앞서 제시된 문제점이 모두 종합된 것으로 보인다.

나는 해답을 찾기 위해서 경리단 상권 변화 중에서 의미 있는 데이터의 변화가 있는지부터 살펴보았다. 먼저 녹사평역의 배후주택지인 이

이태원 1, 2동과 해방촌이 있는 한강로2가동(단위 : 명)

항목	2020년 5월 31일			2010년 5월 31일		
	인구수	세대수	세대당 인구	인구수	세대수	세대당 인구
이태원1동	6,868	3,803	1.81	8,135	4,087	1.99
이태원2동	9,272	4,946	1.87	10,962	5,147	2.13
한강로2동	10,285	5,431	1.89	13,103	6,018	2.18

태원 1, 2동과 해방촌이 있는 한강로2가동의 인구 변화를 살펴보았다.

2010년과 2017년 인구 변화를 보면 인구는 오히려 감소했고, 빠르게 1인가구가 늘어난 것을 볼 수 있다. 이태원1동은 이태원역 주변 배후 지역이고, 이태원2동은 경리단 주변, 한강로2가동은 해방촌 지역이다. 이러한 배후인구 변화는 서울의 다른 지역과 큰 차이가 없어서 이태원 상권이나 경리단 상권, 해방촌 상권의 변화를 설명하기는 어렵다. 그렇다면 경리단 상권에서 또 다른 변화 요인들을 살펴볼 필요가 있다.

경리단 상권과 이태원 상권은 앞서 보듯이 배후인구에 의한 상권이 아니라 외부 유입에 의해서 상권이 형성된 지역이다. 잘 알다시피 이 지역은 주차가 어려운 경사로에 위치한 지역적 특징으로 이곳을 찾을 때 주로 지하철 6호선 녹사평역을 이용해서 진입하게 된다. 다음은 상권에 진입하는 대부분이 이용하는 6호선 녹사평역의 2012년 이후 승하차 인원의 변화 추이다.

6호선 녹사평역과 이태원역의 2012년 이후 승하차 인원 변화 추이(단위 : 명)

항목	녹사평역				이태원역			
	승차 인원	하차 인원	승하차 합계	1일 승하차 평균	승차 인원	하차 인원	승하차 합계	1일 승하차 평균
2019	2,238,955	2,279,280	4,518,235	12,378	5,917,914	6,707,434	12,625,348	34,589
2018	2,195,123	2,265,084	4,406,207	12,071	5,584,546	6,290,895	11,875,441	32,535
2017	2,486,915	2,633,626	5,120,541	14,028	5,836,569	6,682,782	12,519,351	34,299
2016	2,723,833	2,920,219	5,644,052	15,463	6,064,579	6,881,579	12,946,158	35,468
2015	2,728,304	2,982,430	5,710,734	15,645	5,909,086	6,717,444	12,626,530	34,593
2014	2,400,153	2,653,277	5,053,430	15,845	6,047,124	6,786,529	12,833,653	35,160
2013	1,930,089	2,033,229	3,963,318	10,858	5,431,971	6,038,446	11,470,417	31,425
2012	1,842,050	1,909,263	3,751,313	10,277	5,217,854	5,777,068	10,994,922	30,123

녹사평역은 2010년 이전에는 하루 승하차 인원이 1만 명이 채 되지 않았지만, 2014년부터 유입 인구가 급속히 증가해 2016년까지 정점을 맞다가 2017년부터 유입량이 급속하게 감소하고 있다. 여기서 재미있는 것이 하차 인구는 승차 인구보다 항상 앞선다는 것이다. 이것은 경리단 상권을 찾을 때는 지하철을 이용하고, 상권에서 소비 후에는 일행과 함께 택시를 포함한 대중교통이나 승용차 등으로 분산된다는 의미다.

아무튼 경리단 상권이 제대로 활성화된 시기는 2014~2016년까지인 3년으로 보아야 할 것이다. 처음 이태원 상권의 고임대료를 피해서 경리단 상권으로 넘어온 분들이 경리단 상권의 초반을 주도하면서 카페와 음식점들로 빠르게 채워졌고, 전국구 스타 셰프들도 이곳에서 탄생했다. 카페와 음식점들의 진입이 가속화되고 연예인들의 투자가 봇물을 이루면서 주택은 상가로 바뀌고, 매매가가 상승하면서 임대료 또한 따라서 올라갔다.

부동산 매매와 임대의 연결고리로 인한 임대료의 급격한 인상, 주차와 급격한 경사로로 인한 불편함, 고객들의 트렌드 변화 등의 이유로 경리단은 3년이라는 짧은 기간 활성화되다 스타 셰프들이 떠나고 상권 침체를 맞게 된 것으로 보아야 한다.

2020년 상반기 코로나19가 덮친 경리단과 이태원 상권은 국내 상권 중 가장 큰 피해를 입은 곳 중 하나인데, 이에 따른 이태원역과 녹사평역의 승하차 인원은 더욱 감소했을 것으로 예측된다. 경리단에 터를 잡았던 홍석천씨 등이 다시 경리단을 살리려고 노력하고 있는데, 그분들의 노력이 헛되지 않게 경리단 상권이 옛 영화를 되찾을 수 있었으면 한다.

항아리 상권은 경쟁력이 있을까?

　상가 투자자든 창업자든 상권 현장에서 가장 많이 듣는 이야기 중 하나가 항아리 상권이다. 항아리 상권은 호리병의 목에 해당하는 위치에 상권이 형성되고 모두 막혀 있거나 장애요소가 있어서 한 번 들어오면 빠져나가기 쉽지 않은 상권을 말한다. 우리나라 도시의 경우에도 지형 지세가 배산임수형이 많아서 뒤로는 산이 막혔고, 앞으로는 마을 중심의 단일 도로를 통해서 이동하는 전통적 항아리 상권이 많다.

　이런 영향으로 부동산 중개업소를 통해서 지역 상권에 대한 설명을 듣다보면 해당 상권이 항아리 상권의 독점성을 가졌다고 들었을 때 경쟁력이 있다고 믿기 쉽다. 또한 기존 상권뿐만 아니라 신도시나 택지지구 상권에서도 생활권 단위로 주거 지역이 5,000~7,000여 세대 전후로 배치되는데, 이때 그 중심이나 입구에 근린 상권이 형성되었다면 이 또한 항아리 상권이라고 설명이 이루어진다. 그렇다면 상가 투자자나 창업자들이 선호한다는 신도시나 택지지구의 항아리 상권은 그만큼 경쟁력이 있을까? 이것은 신도시나 택지지구의 도시계획을 이해할 필요가 있다.

한 예를 들어보자. 행정중심복합도시 세종시는 중심에 행정타운과 중심 상업지구를 두고 7,000세대 전후로 생활권 단위를 묶어서 중심에 근린생활 지역을 두고 주변에 아파트를 배치한 생활권 단위 상권을 형성하고 있다. 세종시의 생활권 단위 상권인 아름동, 종촌동, 새롬동, 다정동 등은 모두 전형적인 항아리 상권 구조를 가지고 있다. 다음으로 위례신도시 상권 형성 초기에 가장 뜨거웠던 동쪽 에이플타워를 중심으로 한 8,000세대가 이용하는 근린상업 지역과 하남시 위례동 지역인 장지천 북쪽 북위례 지역 약 7,000여 세대 지역 역시 전형적인 항아리 상권 형태를 하고 있다. 지역은 다르지만 두 곳 모두 신도시에서 이야기하는 항아리 상권이다. 신도시 항아리 상권은 업종과 상권 경쟁력이 높은 지역의 경우 상가 투자자나 창업자 모두 성공적인 선택을 하는 경우도 있지만 결정에 후회하는 경우도 있다. 항아리 상권이 분명 경쟁력은 있지만, 선택 시기에 따라서 희비가 엇갈리기도 한다. 그렇다면 어떤 점 때문에 항아리 상권 상가의 경쟁력이 달라질까?

① 인구가 유입되기는 어렵지만 중심 상업지역이 도보로 접근이 가능하다면 상권 형성 초반은 항아리 상권이 장사가 잘되지만, 중심 상업지역이 활성화되면 중심 상권으로 이동할 가능성을 안고 있다. 특히 중심 상업지역 적합 업종의 경우 초반 근린상가에 입점하더라도 중심 상업지역의 시설이 더 뛰어나고 고객이 많으면 언제든지 이탈할 수도 있

다는 점을 주목해야 한다.

② 아파트와 단독주택을 중심으로 한 주거 상권인 경우가 대부분으로 가족 중심 소비 형태를 보인다. 상권 내 업종들을 이용하고 소비하는 시간대는 특정 시간대에 집중되는데, 치과는 오전 시간, 소아청소년과 병원과 학원, 생활용품점은 오후 시간에 집중되는 것이 그 예다. 또한, 동종 업종은 철저하게 나눠먹기 특징을 지니면서 1위 업체로의 쏠림 현상도 강하다. 따라서 충분한 배후세대가 확보되지 않은 상권이라면 후발 진입 시 선점 업체보다 브랜드 인지도, 상품력, 점포 규모, 상가의 위치가 열세라면 진입을 재검토해야 한다. 상가 투자자도 이 점에 주목해서 경쟁력 있는 업종을 입점시키지 못하면 오히려 고전할 가능성이 있는 것이 항아리 상권이라는 점을 알아야 한다.

③ 다 잘 팔리는 것은 아니다. 일반적으로 동네 상권은 가장 평범하고 소비 주기가 짧은 생활서비스와 소매 품목이 잘 팔리고, 중심 상권에 적합한 업종이라면 초반에는 잘되더라도 도시가 성숙할수록 중심 상권이 활성화되면 상권이 이동할 업종들도 많다는 점을 잊지 말아야 한다.

④ 어떤 상가가 잘될까? 생활서비스 업종인 병원, 학원이 집중된 상가의 경쟁력이 뛰어나고, 상가 규모가 한 필지보다는 두 필지 이상을 합쳐서 시행한 상가가 중심 상가가 될 가능성이 높다. 또한 배후세대를 기반으로 한 근린 상권이지만 도보 중심보다는 도보와 차량 접근성이 함께 좋은 곳이 장사가 잘된다.

재개발, 뉴타운 지역
연도형 상가는 어떨까?

재개발·재건축, 뉴타운은 사업 지역 내에 기존 주택과 상가 지역이 광범위하게 포함되어 있어서 사업이 완료되면 아파트와 함께 근린상가를 공급한다. 개발이 대규모로 진행되고, 입주 세대는 적게는 1,000여 세대 많게는 수천 세대이므로 상가 규모도 커질 수밖에 없다. 그러나 제한된 사업부지 안에서 주택과 근린상가를 동시에 공급하기 때문에 개발 용적률 범위 안에서 쾌적성과 사업성 두 가지를 모두 만족해야 한다. 따라서 수직으로 높게 올라가는 아파트에 비해서 공간 차지를 많이 하는 근린상가 배치에 어려움이 있다. 이때 많이 활용하는 방법이 단독 근린상가를 조성하거나 도로를 따라서 저층부 1층이나 2층까지 상가를 넣고 상층부에 아파트를 설계하는 방식이다. 도로를 따라서 배치된 상가라고 해서 이를 연도형(沿道形) 상가라고 부른다. 대표적인 곳으로 서울의 경우 서대문 가재울뉴타운, 송파 헬리오시티 , 길음뉴타운 등이 있다. 연도형 상가의 장점은 아파트 사업장의 용적률 범위에서 도로 쪽으로 아파트와 상가를 배치함으로써 아파트 단지 각 동의 배치에 공간적인 여유를 가질 수 있다. 또한, 아파트 주민뿐만 아니라 도로 앞으로 이동하는 유동인구의 유입이 가능하다는 점 때문에 상가에도 긍정적인 경우가 있다.

대표적인 연도형 상가인 길음뉴타운 상가는 도로 곡선화로 차량 속도를 떨어뜨리고, 길음역 방향으로 아파트 주민들이 유입될 수 있도록 2층 형태로 업종의 다양성과 상권 흐름을 잘 이용해 상권 활성화도 성공한 케이스다. 이러한 장점이 있는 연도형 상가도 있지만 지나치게 도로를 따라서 상가를 길게 배치할 경우 전체 아파트 주민들의 유입력이 떨어지고, 전면 도로의 폭이 4차선 이상 직선화할 경우 차량 속도가 빨라져서 주민들의 상가 이용률이 떨어진다. 또한, 상층부 아파트의 무게로 기둥이 많아져 다양한 업종의 적정 상가 면적 배치를 어렵게 하기도 한다. 연도형 상가를 2층이 아니라 1층만 길게 배치할 경우 아파트 주민들의 접근성이 분산되고 필수적인 업종들인 병의원과 치과, 한의원과 학원, 은행들의 입점이 불가능해 집객력을 떨어뜨리는 원인이 되기도 한다.

지방이나 서울의 재건축, 뉴타운에도 이런 연도형 상가들로 사업 시행이 진행되는 지역이 여러 곳 있다. 그런데 처음 대단지라는 장점만 믿고 높은 금액으로 투자를 할 경우 아파트 입주 후 주민들의 접근성 분산으로 상가가 활성화되지 않아서 애를 먹는 사례를 많이 보았다. 상가 투자나 임대를 고려한다면 이미 상권이 정착된 연도형 상가를 직접 답사해 상가의 구조적 장단점을 충분히 파악한 뒤 결정할 필요가 있다.

지방 도시의 상권 투자와
창업에서 검토할 것

　대도시에 살다가 귀향을 결정하고 농업이나 어업보다는 가진 현금과 부동산 자산을 처분해 고향에 상가 투자를 해 임대료를 받거나 창업을 희망하는 분들이 늘어나고 있다. 그런데 고향이기 때문에 자신이 그 지역을 잘 안다는 생각에 섣불리 결정했다가는 낭패를 보는 경우가 있다. 이것은 지방의 경우 인구가 잘 늘어나지 않고, 오히려 감소하고 있기 때문에 꾸준히 지역 상권이 변하고 있다는 생각을 간과하기 때문이다. 그렇다면 오랫동안 대도시에서 살다가 귀향해 지역 상권에서 상가 투자나 창업을 할 때 상권의 어떤 부분을 검토해야 하는지 구체적으로 알아보자.

관습 상권과 학습 상권

관습 상권과 학습 상권은 둘 다 오랜 세월에 걸쳐서 상권이 형성되었다는 측면에서는 유사성이 있지만 관습 상권은 이보다 더 오랜 세월에 걸쳐서 상권이 정착되는 것이 일반적이다. 관습 상권의 경우 지역이나 도시 전체에서 어떤 특정한 업종군이나 중요 기관들이 한곳에 몰려 있어서 지역 주민들이 특정 업종을 이용할 때 해당 상권을 관습적으로 이용하게 된다. 일반적으로 지역색이 강한 농촌이나 도농복합지역의 시내 중심권이나 재래시장 주변이 이런 특징을 지닌다. 병원, 은행, 전통시장의 특정 소비나 서비스는 오랫동안 살아온 지역 주민이라면 누구나 다 알고, 당연히 이용할 것이라고 생각하게 되는 것이 관습 상권이다. 즉, 장을 보려면 어디로? 정육점을 가려면 어디로? 치과를 갈 때는 어디로? 어르신들이 아파서 병원을 갈 때는 어디로? 하는 식으로 지역 주민이라면 모두 인식하는 상권을 말한다.

이에 비해서 학습 상권은 일정한 기간 새로운 주거지나 공공기관이 이전해 상권의 변화가 있을 때 새로운 상권과 입지를 지역 주민들이 반복해서 이용 학습해 상권으로 굳어진 곳이다. 이 학습 상권이 오래되면 결국 관습 상권이 된다.

예를 들어 충주의 대표적인 중심 상권은 제1로터리에서 충주천을 잇는 중앙로를 사이에 두고 전통시장인 무학시장과 자유시장, 맞은편에 젊은 층이 많이 찾는 성서동 로데오거리가 있다. 지난 수십 년 동안 충주의 생활, 소비패턴은 이곳이 중심이었고, 충주 시민들 모두 관습적으로 이용함으로써 중심 상권이라는 것을 인식해왔다. 즉, 제1로터리와 중앙로, 무학시장, 자유시장, 성서동 로데오거리는 지역의 관습 상권으로 볼 수 있다. 그러나 연수동 택지가 개발되면서 도심 인구가 연수동과 칠금동으로 이전하면서 상권 지역도 10여 년 전부터 신연수사거리와 연수초등학교를 중심으로 학원과 먹자 상권이 형성되었다. 이와 같이 새롭게 형성된 상권은 배후세대와 인구들이 반복적으로 이용하면서 먹자 상권과 학원가로 굳어졌다. 결국 이와 같이 배후인구들이 반복 이용할 때 학습 상권이 되고 이것이 오래되면 관습 상권이 된다. 이것은 잘 아는 고향의 상권이라도 상권이 어떻게 변화하고 있는지를 인식해야만 고향 상권 또한 제대로 분석할 수 있다.

패션가 붕괴는 지역 중심 상권의 침체 신호

지방도시 상권 중에서 최근 가장 큰 변화를 맞고 있는 상권 중 하나가 로데오거리인 패션가다. 앞에서 언급했던 충주의 대표 패션가인 성서동 로데오거리도 최근에는 폐업으로 인한 공실 문제로 몸살을 앓고 있다. 대도시 지역에서도 1990년대 패션거리로 명성을 날렸던 로데오거리들이 이제는 명성을 이어오는 지역이 많지 않다. 이런 패션가의 침체는 대도시 지역보다 인구가 감소하거나 정체된 지방 상권에서 좀 더 심각한 상황이고, 패션가 침체는 지방 도시 전체 상권의 침체로 연결되기 때문에 지방자치단체로서도 신경을 써야 한다.

도시 상권 구조에서 패션가는 도시 일번가 상권 중심에 위치해 있는 게 일반적이다. 1990년대에서 2000년대 초반에는 임대료가 가장 비싼 로드숍 전면도로의 경우 유명 아웃도어 브랜드와 여성정장을 중심으로 한 점포들이 차지하고 있었다. 이면도로의 경우 마이너패션브랜드와 보세, 속옷 등과 먹자골목, 도시 중심의 전통시장으로 연결되는 게 일반적인 상권 패턴이었다. 그러나 2010년을 넘어서면서 아울렛몰의 지방 거점 도시 출점은 해당 도시뿐만 아니라 인접 도시 상권까지 흡수하는 막강한 힘을 가지고 있다. 잘 닦인 도로망으로 1시간 전후면 인접 도시의 아울렛몰에 접근하는 데 전혀 문제가 없어서 한 개의 쇼핑몰이 지역 거점에 입점하면 최소한 상권 범위는 30㎞이상으로 확대된다.

예를 들면, 여수시의 대표적인 패션가인 여천의 학동 흥국 상가 침체에는 인접 도시인 광양에 들어선 ○○스퀘어 복합쇼핑몰의 영향도 무시할 수 없는데, 이 쇼핑몰은 순천 연향동, 광양 전체 상권에 영향을 끼치고 있다.

패션가의 침체는 이 영향력 외에도 급속한 신장세를 보이고 있는 인터넷 쇼핑몰의 성장과 실속형 구매가 일반화되면서 도시의 주요 거점에 입점하는 싸고 질 좋은 SPA브랜드로 인해서 더 이상 비싼 브랜드를 찾지 않는 것도 이유다. 지방 상권의 패션가 침체는 연결된 먹자 상권과 전통시장, 금융, 메디컬의 중심지였던 일번가 상권 전체를 침체에 빠뜨릴 위험성을 내포하고 있다. 한 번 침체에 빠진 패션가는 인접 로드숍 상권이 활성화될 가능성이 낮다면 더 이상 이 상가에서 소비할 가능성이 낮아서 연결된 전체 상권도 영향을 받는다. 이것은 지역 상권의 공실 문제와도 직결되어 있어서 한때는 중심 상권이었던 곳도 1년 이상, 나아가 2년 이상의 장기 공실도 우려되는 것이 이와 같은 이유에서다.

앞으로 지역 상권 활성화를 담당하는 지자체나 기관들은 이런 패션가 몰락이 어쩔 수 없는 흐름이라는 것을 인식해야 한다. 주차장 등 하드웨어 개선사업에 대한 투자도 필요하겠지만, 그보다는 이 상권에서 앞으로 대체할 수 있는 업종의 출구전략과 진입전략의 수립이 필요해 보인다. 무엇보다 패션가의 건물주들도 상권과 시대가 바뀌었다는 것을 인식하고, 임대료를 합리적인 수준에서 유지시켜주는 것도 필요하다. 물론 지역 중심 상권에 상가 투자를 하는 투자자나 창업자들도 이런 패션가 침체를 살펴봐야 하고, 침체되었다면 지자체 등의 활성화 노력도 살펴본 뒤 결정하는 것이 바람직하다.

공유 주방은 매력 있는
사업 모델일까?

공유 주방의 개념과 국내 사업 환경

코로나19 이전에 신개념 트렌드로 도입된 것이 함께 나눠 쓰는 시대, 즉 '공유 시대'였다. 그 흐름은 공유 차량, 공유 오피스, 공유 주방, 공유 주택, 공유 미용실로까지 점점 진화하고, 다양한 분야로 확산되고 있다. 그중에서 가장 큰 이슈를 불러일으키고 있는 것은 공유 주방이다.

공유 주방은 하나의 사업장 내에 칸막이를 한 개별 주방을 설치해 여러 업체가 사용하자는 개념이다. 음식점 창업을 위해서는 억대가 넘어가는 임대료와 설비를 부담하지만, 폐업률이 가장 높은 업종이 바로 음식점이다. 공유 주방이 가능해지면 1,000만 원 전후로 창업이 가능해 기술력을 갖춘 창업자나, 기술력이 없더라도 젊은 미래 창업자들도 테스팅을 할 수 있는 좋은 기회가 되기도 한다. 이것은 정부에서 사활을 걸고 있는 새로운 일자리창출과도 연결된다.

이러한 긍정적인 요소에도 공유 주방은 이제까지 1개의 사업장에서 영업할 수 있는 업체를 1개로 제한했기 때문에 하나의 공간에 칸막이를 하거나, 하나의 주방을 여러 업체가 공유하는 것이 식품위생법상 위법이었다. 이것은 하나의 사업장에서 여러 메뉴를 교차해 다루다보면 발생할 수 있는 식재료 오염 문제 때문이었다. 그러나 2019년 식품의약품안전처가 ICT(신기술서비스) 규제박스심의위원회에서 하나의 사업장에서도 여러 업체가 주방을 공유할 수 있도록 완화함으로써 공유 주방의 장애요소는 없어졌다. 이에 따라서 위쿡, 고스트키친, 공유주방 1번가, 먼슬리키친 등 국내 대표 공유 주방 사업자뿐만 아니라 해외의 클라우드키친 등이 공격적으로 점포를 확장해나가고 있으며, 이외에도 국내 중소 여러 업체까지 뛰어들어 시범 점포를 열고 사업 확장을 진행하고 있다.

이렇게 국내외 공유 주방 사업자들이 적극적인 것은 사업모델인 배달 시장이 국내 시장만큼 매력적인 곳도 없기 때문이다. 우리나라 상권은 미국이나 유럽과는 달리 도시에 집중되고, 인구밀도가 높기 때문에 배달 상권에 최적화되었다고 평가한다. 공유 주방 이전에도 이미 국내에는 오래전부터 다양한 배달 먹거리를 하나의 주방에서 이름과 전화번호만 달리해 주문받고 배달하는 시스템이 많았다. 이미 공유 주방 업체 간에도 차별화해 고정 셰프를 배치해서 조리기술을 지도하고, HMR과 결합한 업체들, 배달형과 식당형을 결합한 형태 등 다양한 형태가 등장하고 있다.

공유 주방의 구조는 전체 사업장 면적이 500㎡(151평)~660㎡(200

평)에 이를 정도로 규모가 크고, 한 사업장에 20개의 고정형 부스가 설치된다. 이 경우 사업장 임대료를 제외하고 업계에서는 7억 원 전후 설비와 임대료(평당 450만 원 전후)가 투자된다고 한다.

이와 같이 공유 주방 사업은 사업장 임대 금액 못지않게 투자비가 많이 들기 때문에 최근에는 공유 주방 업체들이 공실을 안고 있는 건물주들과 적극적으로 사업 투자 제휴를 시도하고 있다고 한다. 즉, 건물주들은 건물과 설비 및 인테리어 투자를 하고, 사업노하우가 있는 공유 주방 업체가 운영을 맡는 방식의 전략적 사업파트너를 선호한다는 이야기다. 최근에는 상가 시행사에서 미분양 상가에 이런 형태의 사업 제안으로 공유 주방업체를 유치하는 사례도 나타나고 있다.

공유 주방의 사업성은 어떨까?

새로운 사업 모델인 공유 주방의 사업성에 대한 검토를 위해서는 사업 투자자와 이곳에서 창업하는 창업자 모두의 관점에서 검토가 이루어져야 할 것이다.

사업 투자자 관점

사업투자자의 수익 모델은 건물을 제공하고 시설 투자를 한 뒤 공유 주방 사업자가 관리를 해 임대 수익을 공유하자는 개념이 주를 이루고 있다. 오랫동안 공실이었던 건물에 매일 뉴스에 오르내리는 공유 주방 사업자가 어느 날 사업 제안을 해온다면 당연히 고민될 수밖에 없다.

특히 자금력 있는 건물주라면 한 번 투자하면 고정적인 수익이 보장되고, 건물까지 살릴 수 있다면 더할 수 없는 매력을 느낄 것이다. 그러나 설비와 인테리어 투자까지 초기에 너무 많은 투자비가 들어가는 것은 큰 부담이 될 수밖에 없다.

창업자의 관점

요즘 웬만한 음식점 창업을 위해서는 2~3억 원이 투자되는데, 공유 주방 부스 임대료 1,000만 원 보증금으로 창업이 가능하다고 하면 분명 매력적이다. 그러나 투자비가 적게 들어 진입 장벽이 낮아지면 뚜렷한 목표 없이 창업에 임하게 된다. 안타깝게도 공유 주방 역사가 짧다 보니 성공 가능성에 대해서는 언론 기사뿐만 아니라 전문가들의 평가도 엇갈린다. 무엇보다 중요한 것은 창업 자금이 적게 투자되기 때문에 창업자들이 일단 한번 해보자 하는 생각을 갖기보다 충분한 준비와 목표 의식이 필요하다. 자칫, 소중한 시간만 허비할 수도 있기 때문이다.

이렇게 사업 투자자나 창업자 관점 모두에서 투자나 창업을 하기 전에 충분히 따져보고 결정해야 하는데, 몇 가지 체크해야 할 사항을 정리하면 다음과 같다.

첫째, 지속 가능한 사업인가 하는 것이다. 초기에 사업자 공간의 임대료, 설비, 인테리어 모두 사업 투자자가 투자하는 구조이므로 사업 투자자가 검토했을 때 공유 주방이 지속 가능한 사업이라는 것이 전제되어야 한다. 즉, 투자자에 대한 수익성 보장 프로그램을 운영하지만, 지속성을 가지지 않는 사업이라면 이 자체가 의미가 없다. 창업자 입장에서는 매출의 안정성을 가지고, 최소한 본인이 목표로 한 기간만큼 운영될 수 있어야 한다.

둘째, 어떤 상권에 적합한 모델인가 하는 것이다. 국내 상권 환경이 배달에 적합하게 인구 밀도가 높은데, 초기 공유 주방의 입점 업체들이 강남이나 종로 등에 출점한 것은 높은 임대료가 부담되긴 해도 1인가구, 오피스가 더욱 밀집되어 풍부한 배달 환경이 확보되는 상권 환경을 선호했기 때문이다. 그러나 높은 임대료로 인해서 강남권이나 유명 상권이 아닌 경쟁이 치열한 구도심 주거 상권에 진입할 경우, 기존 영세 배달음식점 상인들과의 더욱 치열한 경쟁을 피할 수 없다. 사업 투자자나 창업자 모두 공유 주방이 선택한 상권이 공유 주방에 적합한 상권인지 먼저 검토해야 한다.

셋째, 음식 경쟁력이 있는가 하는 것이다. 창업박람회에 참여한 공유 주방 업체의 경우 조리기술 지도와 식재료 공급 조건을 홍보하는데, 초보 창업자가 치열한 배달 시장에서 경쟁력 있는 메뉴의 공급이 가능한 시스템이 될 것인지에 대한 평가가 필요하다.

넷째, 창업자가 유지될 것인지와 어느 정도 매출을 올릴 것인가 하는 것이다. 사업 투자자 입장에서는 몇 사람의 창업자가 유지될 때 안정적인 임대료 수입이 가능할 것인가를 살피고, 창업자의 경우 얼마를 팔 때 생활에 문제없는 최소한의 매출을 올릴 것인지에 대해 살펴봐야 한다.

다섯째, 임대료 관리비는 상승할 것인데, 과연 수익성을 맞출 수 있을 것인가 하는 것이다. 공유 주방 사업자들이 서울의 주요 지역에서 현재 보증금 1,000만 원에 월 임대료 180만 원 전후로 형성되어 있지만 사업 수익을 높이기 위해서 서비스는 계속 진화할 가능성이 높다.

셰프 기술지도, 관리시스템의 업그레이드, 오프라인 홀 서비스 제공 등 서비스는 점점 늘어날 것이고, 여기에 1회용 포장재로 인한 문제 등 사회적 문제로 야기되는 비용도 늘어날 것이다.

여섯째, 창업자 모두의 사명감과 품질 수준을 유지할 수 있을 것인가 하는 것이다. 이제까지 한 사업장에서 여러 업체가 공유 주방을 사용할 수 없었던 것은 주방 오염으로 인한 식중독 등 사고 예방이 1차적인 문제였다. 만약 20여 개 입주 업체들 중 하나라도 제대로 된 관리가 이루어지지 않아서 문제가 발생할 때, 전체 입주 업체가 피해를 입을 가능성이 있다. 입주 업체가 항상 일정 수준 이상을 유지할 수 있도록 하는 시스템이 무엇보다 필요하다. 또한 주방과 음식 기술지도뿐만 아니라 소자본 투자 창업자들의 사업주로서의 마인드 제고는 무엇보다 필요하다.

공유 주방 관련 업체들의 이익은?

앞으로 공유 주방 업체들의 사업성에 대한 평가는 뒤로 하더라도 배달앱 업체, 주방설비 업체, 인테리어 업체, 기타 푸드테크기업 등 관련 업체의 비즈니스 기회가 늘어나고 일자리가 증가할 가능성이 높다. 따라서 이들로 인한 뉴스 노출 사례는 더욱 많아질 것이고, 사업성은 과대 포장될 가능성이 있다는 것을 관심을 가지고 살펴야 한다. 물론 이런 공유 주방으로 인한 사회적 일자리와 연관 비즈니스의 발전은 분명 긍정적인 요소가 있을 것이다. 그러나 사업 투자자나 입주할 창업자라면 이런 주변 뉴스나 관련 업체의 상황만으로 판단하지 말고, 자신의 관점에서 접근하고 사업 판단을 할 필요성이 있다.

현재 공유 주방 사업의 지속성은 2020년을 휩쓸고 있는 코로나19가 가장 큰 변수로 작용할 가능성이 커졌다. 칸막이가 있다고 하더라도 한 공간에 집중된 공유 주방의 특성상 방역과 감염에 대한 안정성을 소비자가 지속적으로 신뢰할 수 있는지가 현재로서는 사업 성공의 가장 큰 요소가 될 수 있을 것이다.

상가 MD 구성의
전략 이해

상가 MD 구성의 3단계

  신규 시행 상가 MD 구성은 상가 활성화 목적이 우선되지만, 효율적인 층별 업종 구성과 브랜드 유치를 위한 상가 MD 구성 전략 역시 시행사, 투자자, 임차인들 입장에서 모두 다르게 검토된다.

  상가 MD는 시행 준비 단계에서는 시행 분양사 입장에서 빠른 상가 분양을 목적으로 계획하지만, 상가 사용승인 이후에는 상가 활성화를 중심에 두고 상가 투자자, 임차인 입장에서 MD에 대한 검토를 해야 한다.

  MD라는 것은 머천다이징(Merchandising)의 약자로 백화점과 유통회사에서 계절과 시기별 상품계획과 유통을 기획하는 일련의 활동을 말하지만, 상가 MD 계획은 각 층별 예상 업종과 브랜드를 미리 구성해보거나 사용승인 이후 실제 입주를 시키는 일련의 작업을 말한다. 상가 MD 구성 원칙은 예상 상권 범위에 기초한 접근성, 주변 경쟁 상가 검토, 학교 정화구역 및 도시 조례에 따른 규제 등을 참고해 각 업종의 기본 카테고리를 만들고, 각각 카테고리에 관련 업종과 브랜드를 분류하는 방법으로 진행한다. 상가의 MD 구성은 홍보 단계, 효율성 검토 단계, 실제 현실적인 입주 단계에 따라서 달라진다.

1단계 – 홍보용 MD

분양을 진행하는 단계에서 상가 투자자에게 홍보하기 위한 각 층별 업종과 브랜드 구성을 하는 단계로 이때는 상가 시행 분양사들은 상권, 입지와 무관하게 상가 투자자들이 쉽게 알 수 있는 유명브랜드로 구성하는 경우가 일반적이다. 상가 투자자가 이것에 현혹되었을 경우 상가

골목길 상가의 두 유형

입주 이후 낭패를 볼 수 있기 때문이 실제 적합성을 따져봐야 한다.

앞서 카탈로그의 상가 분양 시점의 MD 구성을 보면 국내 주요 브랜드를 나열해 입점 예상 브랜드로 올렸지만 이 상가의 구분상가별 면적을 고려하면 입점 가능성은 제한적이었다. 시행 분양사가 유명 브랜드를 입점 예상 브랜드로 적시하는 것은 상가 투자자에게 친숙한 브랜드로 투자를 유도하기 위한 전략이라고 이해해야 한다.

2단계 – 효율적인 MD

분양이 시작된 뒤에는 시행 분양사들이 상가 분양과 활성화를 위한 MD 구성을 고민할 수밖에 없다. 따라서 상가 활성화를 주도할 업종과 브랜드를 적시해 입주 전이라도 선임대료 맞출 수 있다면 상가 분양과 활성화도 빨라진다. 어찌되었든 분양이 잘 이뤄지고, 상가가 활성화되기 위해서는 이 2단계 상가 MD 구성이 잘 이뤄져야 하고, 계획대로 진행되는 것이 좋다. 각 층별 예상 카테고리를 중심으로 브랜드를 선정하고, MD 구성에 유명 브랜드가 아니라 업종을 언급하게 된다.

이것은 층별 업종을 나열할 경우 상가의 상권, 입지가 고려되지 않고 지나치게 많은 업종을 나열해서 상권 범위의 착각, 트렌드가 지난 업종까지 입점 가능 업종으로 분류하면 상가 투자자와 임차인에게 잘못된 선택을 하게 할 가능성을 높이는 원인이 된다.

층별 MD구성		
7F	권장 업종	스크린골프, 휘트니스, 부페, 당구장, PC방, 노래방, 패밀리레스토랑, 웨딩, 스카이라운지, 사무실, 키즈카페 등
6F	권장 업종	합기도, 검도, 태권도, 특공무술, 무용학원, 발레학원, 키즈카페, 입시학원, 대형학원, 전문병원, 한방병원, 부페 등
5F	권장 업종	미술학원, 피아노학원, 태권도, 영어학원, 수학학원, 논술학원, 보습학원, 음악학원, 컴퓨터학원, 어학원, 영어유치원 등
4F	권장 업종	정형외과, 재활의학과, 성형외과, 신경외과, 가정의학과, 신경정신과, 산부인과, 비뇨기과, 산후조리원, 피부관리, 마사지 등
3F	권장 업종	치과, 소아과, 한의원, 내과, 피부과, 이비인후과, 안과, 통증클리닉, 카페, 전문음식점, 놀이방 등
2F	권장 업종	커피전문점, 미용실, 은행, 패밀리레스토랑, 보쌈, 감자탕, 샤브샤브, 베트남쌀국수, 패스트푸드, 불고기전문점, 피자, 부대찌게, 일식·중식당, 설렁탕, 디저트카페, 놀이방 등
1F	권장 업종	이동통신, 편의점, 부동산, 안경, 던킨도너츠, 베스킨라빈스, 은행ATM, 김밥전문점, 제과점, 치킨, 피자, 미용실, 약국, 화장품, 정육점, 돈까스전문점, 커피전문점, 죽전문점, 패스트푸드, 샌드위치전문점, 테이크아웃, 네일아트, 금은방, 약세사리점, 문구점, 동물병원, 애견샵 등

업종 중심으로 구성된 카탈로그

3단계 - 현실적인 MD

아무리 1, 2단계에서 잘 계획된 MD 구성이라 하더라도 상가 사용승인이 나고, 입주 시점에는 예상치 못한 업종의 입주 가능성을 임차인들이 문의해온다. 이때는 요청 업종을 중심으로 동일 층과 상하 연계 층의 입주 예상 MD 구성을 수정해야 한다. 어찌되었든 상가에서 MD 구성은 효율성을 극대화하는 작업으로 입주 시에는 각 층, 상하 층에 고객 유인효과를 높일 수 있는 업종들로 입주가 이루어진다면 최상의 MD 구성이라고 할 수 있다.

업종 카테고리 나누기

상가의 공급 과잉과 경기가 위축되면서 상가 공실 문제는 시행 분양사에게 공포가 되었다. 시행사가 분양사에게 아무리 높은 분양수수료를 지급하더라도 상가 분양은 원활히 이루어지지 않고 있다. 상가 공급이 넘쳐나면서 상가 활성화는 상가의 접근성보다는 시행 분양사의 마케팅 능력에 따라 좌우되고 있다. 대형 상가 시행사의 경우 분양과 리테일 임대 작업을 분리해 리테일 유치를 전담하는 회사에 높은 수수료를 지급하고, MD 전략 수립과 입주 업체와의 직접 계약까지 위임하는 곳이 늘어나고 있다. 그렇지만 리테일 업체가 관여하더라도 우선 채우기에 급급해 일정 시간이 지나고 나서 다시 공실이 발생할 경우 상가 활성화는 더욱 어려워지는 경우도 늘어나고 있다.

또한 리테일 업체에 의지할 수 없는 중·소규모 상가는 시행 분양사에서 공실 해소를 위한 전략을 수립하고, 임대 계획을 세울 수밖에 없는 어려움이 있다. 상가 투자자와 입주 상인들은 시행 분양사의 MD 전략과 계획을 보고 해당 상가를 선택하는 경우가 증가하고 있다. 상가 MD 전략에서 가장 중요한 것은 상권, 입지에 적합한 분류별 카테고리 조합을 만들고, 여기에 합당한 업종과 그에 맞는 브랜드와 업체를 찾는 것이다.

상권, 입지에 적합한 카테고리 하부의 업종과 브랜드를 찾는 MD 구성 작업은 해당 상가를 중심으로 한 상권, 입지 분석을 통해서 가능한 작업이다. 그렇다면 로드숍이 중심이 된 상가의 MD 구성 카테고리에는 어떤 것이 있을지 구체적으로 살펴보자.

키테넌트(전략 업종)

상가 집객력을 높일 수 있는 키테넌트 역할을 할 업종 또한 브랜드에 속하는 카테고리다. 대상 업종으로는 특정 업종을 가리지 않고 상권에 따라서 메디컬, 카페, 유명 프랜차이즈 음식점, 대형 학원 등 다양한 형태로 나타난다. 이때 동일한 업종군이라 하더라도 어떤 브랜드를 입점 시키느냐에 따라서 달라진다. 키테넌트 기능을 수행할 수 있는 업종으로는 정해진 규칙보다는 상가의 집객력을 최대로 끌어올릴 수 있는 카테고리와 브랜드들이 해당된다.

현장에서는 이런 키테넌트로 가장 강력한 브랜드로 스타벅스를 꼽는다. 스타벅스가 상가에 입점 시 다른 커피브랜드가 입점할때보다 평균적으로 1.5배 매출을 올린다고 한다. 이것은 스타벅스로 인한 집객 효과가 1.5배 이상 크다는 의미로 스타벅스가 입점하는 것이 상가 활성화에는 유리하다는 이야기다. 같은 상가 내 구분상가 호수에 스타벅스가 입점할 때 나머지 구분상가 호수의 분양과 임대가 용이하다.

다만, 본인이 투자한 상가에 스타벅스가 입점하였다고 다른 브랜드가 입점할 때보다 높은 수익률을 보장받는 것은 아니다. 그것은 어떤 조건으로 스타벅스와 계약이 이루어졌는지가 좌우하기 때문이다. 또한 키테넌트 업종이라고 모두 효과가 오랫동안 지속되는 것은 아니라, 몇 년을 넘기지 못하는 경우도 많은데, 2~3년 인기를 끌다가 지금은 대부분 폐점한 한식뷔페가 대표적인 사례다. MD 구성에서 키테넌트 전략을 가장 잘 구사하는 것은 대형 쇼핑몰로 쇼핑 공간의 가치와 집객력을 높이는 업종을 층별로 유치하는 게 일반적이다.

라이프스타일

배후고객의 생활과 밀접한 일상 용품을 판매 및 서비스하는 업종이다. 대표적으로 마트, 이동통신, 생활용품할인점 등이 여기에 해당된다.

F&B

먹고 마실 것(Food and Beverage)을 파는 곳으로 밥집, 술집, 카페, 디저트 가게 등이 여기에 포함된다. 전통적인 상가에서 저층부에 가장 많은 비중을 차지하는 업종이지만, 최근에는 층수에 대한 개념이 없어지는 추세다. 소상공인 업종 중에서 가장 많은 부분을 차지하고, 주로 저층부로서 분양가와 임대가가 가장 높기 때문에 시행 분양사는 어떤 경쟁력 있는 업체를 입점시키느냐에 따라서 상가 수익률뿐만 아니라 전체 경쟁력이 달라진다.

패션&뷰티

뷰티, 아웃도어, 이너웨어 등 패션류와 화장품, 미용, 네일, 왁싱숍 등이 여기에 해당된다. 각 브랜드들의 상권 규모는 업종 특성에 따라서 차이가 난다. 특히 복합몰과 스트리트형 상가에서는 패션 업종에서 SPA브랜드나 편집숍의 강세가 뚜렷해지는 반면, 로드숍에서는 패션&뷰티 브랜드의 폐업률이 높아지고 신규 출점이 줄어들고 있다. SPA브랜드는 주로 스트리트형 상가 등에 입점해 키테넌트 역할을 수행하는 곳이 많고, 그 기능은 강화되는 추세다.

금융서비스

지역은행, 시중은행, 저축은행 등 은행권과 증권회사, 보험회사 지점들이 여기에 해당된다. 이들이 입점을 희망하는 상권에는 차이가 있다. 매년 점포 축소를 하는 금융권으로 인해서 금융서비스 카테고리를 상가 MD로 계획할 때는 대안 카테고리 업종도 고려해야 한다.

메디컬 존

경쟁이 가장 치열한 분야로 메디컬 과목 입점이 많을 경우 상가 전체가 활성화되는 게 일반적인 추세다. 로컬형, 거점형, 비보험이나 보험계열 병원들의 입점 상권 규모가 다르고, 같은 과목이라도 특화 과목을 중심으로 개원이 늘어나며 형태에 따라서 상권 규모에 차이가 나기도 한다.

학원 존

초, 중, 고 각 대상에 따라 학원 형태가 다르고, 일반인 대상의 어학원, 취미, 자격시험 학원들도 있다. 상가 활성화에 도움이 되는 학원들도 있지만, 그렇지 않은 형태들도 많기 때문에 각 학원들의 업종 특성을 이해할 필요가 있다.

문화&오락&피지컬

PC방, 노래방, 영화관, 피트니스, 필라테스, 요가, VR방, 골프존, 스크린야구장 등이 여기에 해당된다.

팝업 매장

대형 상가가 증가하면서 당장 입주가 어려울 경우 단기간 입점을 희망하는 업종과 브랜드에 대한 검토도 필요하다. 일반적으로 인테리어가 많이 필요하지 않은 업종들이 단기 임대를 선호한다. 상가 활성화를 위해서 공실 상가를 방치하기보다는 시행 분양사들이 팝업 매장을 적극적으로 유치할 경우 상권 공실은 빠르게 채워질 수 있다.

코로나19 이후 MD 카테고리 계획에서 가장 크게 주목해야 할 것은 업태와 트렌드 변화, 비대면 소비와 서비스의 확대로 로드숍들의 입점 형태도 많은 변화를 보일 것이라는 사실이다. 특히 배후세대 인근의 근린상가보다는 중심 상업지역일수록 MD 구성에서도 더 큰 변화가 예상된다는 점을 고려해서 대응할 필요성이 있다.

똑똑한 키테넌트가 상가를
활성화시킨다

상가 MD 구성에서 전략 업종이란 상가뿐만 아니라 주변 상권 활성화를 좌우할 수 있는 키테넌트 기능을 하도록 전략적으로 유치하는 브랜드나 업종을 말한다. 전략 업종은 상가가 크든 작든 관계없이 다양한 형태로 나타나고, 시행사나 분양사, 상가 투자자 모두 상가 MD에 있어 전략 업종의 유치 여부에 대해 관심을 기울여야 한다.

3년 전 어느 날, 나는 인연이 있던 ○○신도시 중심 상업지구 분양사 본부장님으로부터 시간이 되면 만나자는 연락을 받았다. 인근에 갔다가 연락해서 차를 한잔하면서 그 상가에 전략 업종으로 대형 학원(어학원 또는 대형 영수 전문학원) 유치에 집중하라는 권유를 한 적이 있다. 이 상가는 중심 상업지역 내에서 학원을 운영하기에는 가시성과 접근성, 특히 대형 차량 접근성이 뛰어나고, 무엇보다 ○○신도시뿐만 아니라 인접 도시에도 뚜렷한 학원가가 형성되지 않았다는 것을 염두에 둔 권유였다. 무엇보다 학생층이 집중될 경우 1층 입점 빈도가 높은 식음료·패스트푸드점 유치와 학부모층 유입, 어학원의 경우 직장인들의 유입으로 2층의 전문음식점 유치에도 긍정적인 영향을 미칠 것으로 보았기 때문이다. 상가 활성화를 위해서 오후와 야간 시간 1층과 2층의 입점 업종이 확실해지지 않으면 분양과 임대도 어려운 것이 신도시 중심 상가의 현실이다. 물론 코로나19 이후, 앞서 언급했듯이 어학원이나 대형 학원들은 비대면 온라인수강으로 많은 인원이 빠져나가면서 예전과 같은 집객력이 큰 전략 업종으로서의 역할을 하기는 어려울 것으로 보인다.

또 다른 예로 같은 시기인 3년 전 △△신도시의 지상 11층 상가 분양 자료를 접한 적이 있다. 지하층에 전용 약 350여 평 규모의 식음료 코너를 외식 대기업과 임대 계약을 체결했다는 광고를 접했다. 신도시 상가에서 지하층 상가는 일반적으로 1층 기준 분양가의 약 30% 전후가 되는 게 일반적인데, 이 지역 1층의 평균 분양가가 평당 4,000만 원에 육박하니 지하층의 경우 약 1,200~1,300만 원 전후임을 추정해볼 수 있다. 지하층은 분양하지 않고 시행사와 직접 계약이 이루어졌다면 일정 기간 임차인에게는 호조건으로 계약이 이루어졌고, 상권 활성화가 된 뒤 임차인은 분양을 받거나, 그대로 임대를 연장하거나 상권의 매력이 커지지 않는다면 임대 해지를 하게 되면 일부 손해는 보겠지만 위험성을 크게 낮출 수 있다.

이 계약을 성사시키고 이 시행사에서는 4, 5층에 대형 병원을 포함한 메디컬센터 역시 분양하지 않고 선임대로 유치했다는 추가적인 광고를 보았다. 결국 시행사 입장에서는 파격적인 임대 가격으로 협약이 체결되어도 다른 층 분양을 한다면 크게 아쉬울 것이 없기 때문이다.

즉, 분양의 목표는 지하층이나 4, 5층이 아니라 1~3층과 6~11층이 핵심이 되기 때문으로 경우에 따라서 전략 층은 분양을 하지 않고 몇 년간 임대 사업을 하더라도 크게 아쉬울 것이 없다. 여기서 전략 층인 지하층과 4, 5층의 효과는 정상적인 시장이라면 고분양가로 상당한 고전을 하겠지만, 부동산은 바람이라는 속성과 같이 전략 층의 효과로 1~3층에서는 보다 빠른 분양과 임대가 가능해 활성화에 도움이 될 것이라는 이야기다. 이러한 사례를 통해 시행사에서 상가 분양과 활성화에 도움이 되는 업종이라면 장기 렌트프리와 인테리어비용 지원도 마다하지 않는 이유를 알 수 있다.

이러한 전략 업종은 앞서 이야기한대로 상권 규모와 주변의 경쟁 상가의 경쟁력에 따라서 외식, 금융, 의료, 학원, 키즈 관련 업종 등 형식과 업종을 가리지 않고 다양한 형태로 나타난다. 그러나 인구가 유입되지 않은 상황에서 무리한 전략 업종 유치는 상가 투자자나 임차인들에게 착오를 일으켜서 큰 피해를 주기도 한다. 신도시 지역에 젊은 신혼부부가 많다는 인식으로 대형 키즈카페와 놀이시설을 유치해 상가 분양 때 재미를 보았지만, 키즈카페의 수익성을 내기에는 턱없이 부족한 인구로 인해서 상가 전체가 동반 부실화되는 사례는 얼마든지 있다. 실제 상가 현장에서 이런 대형 키즈카페가 입점 계획이라고 하면, 상가 투자자나 임차인 중 아이들을 위한 대규모 놀이시설이 들어올 것이라고 착각하는 분도 의외로 많다. 이밖에도 대기업 외식 브랜드의 경우 전략 업종으로 입점했다가 수익성이 나지 않거나 업종 트렌드가 변해 철수를 하기도 하는데, 대표적인 예로 대기업 한식뷔페 업체에 인접한 상가에 입주해 창업을 했다가 낭패를 본 사례는 이미 확인된 사항이다.

상가 상층부 활성화는
이것이 좌우한다

상가 활성화를 알려면 학원이 얼마나 입점할 것인지 살펴보자

신도시나 택지지구의 근린상가나 상업 지역에서 가장 영향력이 큰 업종은 병원과 학원이다. 그중에서 학원은 소비력이 큰 10대 학생들의 집객력을 높여서 저층부 분양률과 입점률을 높여서 다른 상가보다 활성화되는 게 일반적이다. 이렇다 보니 시행 분양사로서는 순조로운 분양을 위해 병원과 학원 임대에 사활을 걸고 있다. 그러나 학원이 활성화되기 위해서는 충분한 배후세대 진입과 함께 학교 개교가 빠른 시간 안에 이루어져야 한다.

일반적으로 초등학교는 도보 통학을 기준으로 취학 범위가 결정되는데, 약 30평형대 초중반 민영아파트가 입주하는 경우 수도권이라면 1,000여 세대당 200명 정도의 학령인구가 예상되고, 중학교와 고등학교는 인접 학교 통학 거리등을 감안해서 개교 시기가 결정된다. 여기서 초등학교의 경우 취미, 특기, 일부 보습학원이 주간 오후 시간 활성화에 영향을 미치지만, 중학교, 고등학교까지 정상 개교했을 때는 주간과 오후 시간뿐만 아니라 주말과 야간 시간까지 상권에서 머물기 때문에 소비력이 커진다.

상권 내에 고등학교까지 개교한 곳이라면 학원가 상권은 기본적으로 구성된다고 보아도 무방하지만, 인접 지역까지 수 Km 이상 떨어진 거리에 형성된 택지의 경우 고등학교가 들어오지 않으면 지역 내 주민들은 자녀 학군 문제로 상권 내에 정착할 확률이 떨어져서 상권 형성에도 영향을 미친다는 점을 인식해야 한다.

최근 근린상가를 중심으로 수익성이 높은 비보험 중심 메디컬 과목이 중복 개원하는 사례가 늘면서 경쟁이 점점 치열해지고 있다. 따라서 최근에는 이들 메디컬 과목보다는 좀 더 다양하게 구성할 수 있는 학원들로 눈을 돌리고 있는 근린상가들이 많아지고 있다. 학원 입점이 많아지고 있는 상가의 경우 저층부는 분양과 임대 모두 다른 상가들보다는 빠른 게 일반적이다. 학원이 많은 상가들은 떡볶이도 김밥도, 아이스크림도, 햄버거도 더 잘 팔리고, 심지어 유행에 민감한 아이들로 인해서 스마트폰 신제품도 잘 팔린다고 한다.

근린상가에서 학원은 주로 영어, 수학 중심의 보습학원, 공부방과 음악, 미술 등의 취미나 태권도, 검도 등의 운동, 외국어 학원 갈래로 입점한다. 특히 태권도장은 상가 상층부 전용면적 50평 이상이 필요해서 공급이 한정되어 투자자들이 선호하는 상가다.

학원층에 투자할 때 명심할 것은 분양가가 대책 없이 높은 상가의 경우 학원들이 입점할 때 큰 부담을 느낄 수밖에 없어서 아무리 좋은 상권, 입지라도 선택하기 어렵다는 것이다. 수도권 기준으로 근린상가의 경우 30평 보습학원이라면 월 250만 원 이내, 25평 내외의 취미 미술, 음악이라면 150만 원 이내를 선호한다. 아파트 인근 학원이 많이 들어와 있는 상가에는 다른 업종들도 활발히 입점하므로 상가 투자자나 현재 상가 시행을 하거나 준비 중인 분도 이 부분에 초점을 맞춰 본인 상가가 학원들이 선호하는 상가인지부터 점검해보자.

메디컬 개원 시 상가 MD 선택에서 조심할 것은?

나는 20여 년 동안 지역은행인 신협, 새마을금고, 지역농협 신규지점 개설과 이전을 위한 상권, 입지 분석 컨설팅을 해오고 있다. 지역은행 점포의 상권, 입지와 유사한 것이 병의원, 치과, 한의원 과목인 메디컬 존이다. 3년 전부터 나는 시간에 쫓기는 예비 원장님들을 대상으로 2개월에 한 번, 메디컬 개원을 위한 상권, 입지 분석 세미나를 진행하고 있다. 상가에서 메디컬 과목들은 학원과 함께 고층부 MD 구성의 핵심 역할을 하고 있다.

메디컬과 학원층 입점 비율이 높은 상가의 경우 상권 내 집객력이 높아지고, 특히 메디컬의 경우 처방전 숫자가 많은 과목이 입점할 경우 1층 약국의 분양가와 임대료는 일반 업종에 비해서 적게는 2배, 많게는 부르는 게 값일 정도로 높아진다. 메디컬 과목 개원 시 예비 원장님들이 주의할 것은 실과 바늘과 같은 약국과의 금전적 이해관계에 얽히지 않도록 주의해야 나중에 낭패를 당하지 않는다는 것이다.

처방전이 많은 과목은 일반적으로 보험 계열의 진료가 많은 내과, 소아청소년과, 이비인후과, 정형외과 계열로 이들 과목을 유치하기 위해서 시행 분양사, 약국, 해당 과목 예비 원장님, 부동산 중개업소 간의 음성적인 리베이트가 억대에 거래되기도 해 문제를 일으킨다. 약국으로서는 이들 과목이 입점해야만 안정적인 처방전으로 매출이 높아지므로 이들 과목에 대해서 개원 지원금이라는 명목으로 리베이트를 지불하지만, 개원 과목 예비 원장님으로서는 이해관계가 한번 얽힐 경우 두고두고 문제가 되며, 심지어 의료법으로 법적 처벌을 받을 수 있다는 사실을 알아야 한다.

또한 예비 원장님들의 경우 각 과목별, 투자 규모에 따라서 상권 범위가 달라지고, 타깃 환자층, 투자비가 다르기 때문에 개원 상권을 선택하는 데 신중해야 한다. 즉, 근린 상권에 개원 시 항아리 상권으로 안정적이라고 생각했지만 정작 추가적인 경쟁 메디컬이 개원할 경우 1/N로 나눠먹기가 되거나, 심지어 후발로 대형 메디컬이 진입 시 경쟁력을 상실하는 경우가 허다하다.

또한, 과목에 따라서 근린상가에 개원했더라도 중심 상업지역으로 몰리는 안과나 피부과, 성형외과, 치과교정과 대형 치과, 특화 한의원, 정형외과 등의 경우, 초기 일시적인 경쟁력을 가지지만 중심 상업지역에 과목들이 개원 시 곧바로 경쟁력을 상실하는 경우가 있으니 주의해야 한다.

다음으로 메디컬 과목은 상가 선택에서 어떤 층을 선택하느냐도 중요하다. 일반적으로 메디컬 과목의 경우 10층 전후의 상업 지역이라면

3~5층에 집중되고, 6층 이상은 학원과 피지컬 업종들이 입점한다. 메디컬 과목의 층 선택에서 무엇보다 중요한 것은 분양가에 따른 임대가와 해당 층에 어떤 업종이 입점할 것인가 하는 것이다. 다음은 2016년 수도권 ○○신도시 중심 상업지역의 한 고분양가 상가의 임대료 구성이다(11층은 전면 뷰로 인해서 높았던 것으로 예상된다).

○○신도시 중심 상업지역 고분양가 상가의 임대료 구성	
층별	평 단가(단위 : 만 원)
11F	1,000
6~10F	700~850
5F	750~900
4F	1,000~1,050
3F	1,200~1,400
2F	1,600~1,800
1F	4,700~5,500

이런 상가의 경우 일반적인 MD 구성을 보면 2층은 금융기관, 미용실, 전문음식점이 들어가고, 앞서 언급했듯이 3층부터 5층 사이에 병원, 한의원, 치과 등 메디컬 업종이 진입한다. 그런데 만약 여러분이 개원의라면 어느 층에 개원할까? 아마도 자금의 여력이 된다면 저층부인 3층을 선호하겠지만, 자력으로 개원의 신용 대출에 의존하는 형태라면 대부분은 분양금액을 고려해 5층을 선호할 것이다. 그렇다면 다시 질문을 해보자. 3층과 5층 중에서 개원 비용이 충분했을 때도 3층이 무조건 유리할까? 만약 3층이라고 답하는 분은 개원 전에 상권 공부를 다시 해야 할 것이다.

앞서도 언급했듯이 도시의 상가 구조는 유사하거나 동일해 같은 업종은 집중되는 것이 경쟁에서 유리하다. 즉, 한 개 층에 다양한 과목의 병원이 입점하는 것이 경쟁에서 유리하다는 이야기인데, 예를 들어 3층과 5층에서 임대로 개원을 할 때 매월 지불하는 임대료는 얼마나 차이가 날까? 시술과 진료를 겸하는 치과, 한의원을 기준으로 할 때 전용 최하 40평 이상이 필요하다면 계약 평수는 80평이 필요하다. 3층의 경우 80평×1,200만 원＝9억 6,000만 원이 분양가다. 5층의 경우 80평×750만 원＝6억 원이 분양가다. 여기서 분양가는 3억 6,000만 원이 차이나는데, 이것을 상가 수익률 5%로 계산하면 임대료는 얼마나 차이가 날까? 보증금을 공통적으로 1억 원으로 할 경우, 3층의 경우 보증금 1억 원에 월 임대료는 358만 원이고, 5층의 경우 보증금 1억 원에 월 임대료가 208만 원이 된다. 월 임대료에서 약 150만 원 정도 차이가 나는데, 대부분의 개원의라면 임대든, 분양이든 5층을 먼저 검토할 수밖에 없을 것이다.

결국 이 건물에서 개원을 준비한다면 임대료와 분양가가 합리적인 5층에 병원들이 몰릴 수밖에 없고, 실제 공실이 메워지는 것도 5층이 가장 빠를 가능성이 높다. 따라서 2~4층은 분양가만 비싸고, 채울 수 있는 업종을 찾기 어려울 가능성이 높아서 개원을 진행한다면 다른 점포는 공실이고, 나홀로 개원하는 사태가 발생하지 말라는 법도 없다.

상가 또한 나홀로가 아니라 함께 뭉칠 때 경쟁력이 생기는 것은 사람 사는 이치와 닮았다. 분명한 것은 상가에서 저층부가 접근성에서 유리한 것은 분명하지만, 중심 상업지역 메디컬의 상가 저층부 입점 시 주의와 관심을 기울일 것은 2~4층은 노래방, bar 등 유흥 업종이 선호하는 층이기 때문에 동일 층에 입점할 경우 진료 환경에 악영향을 미칠 수도 있다는 것을 감안하고 입점할 층을 선택해야 한다.

MD 구성에서 가장 불안정한 곳은 2층이다

근린상가나 상업 지역 상가에서 2층의 집객력은 1층의 30~40% 수준으로 알려져 있다. 2층은 1층과 상층부 상가들을 연결하는 층으로서 상가 활성화를 위해서 공실 없는 안정적인 임대가 무엇보다 중요한 층에 해당된다. 그러나 신규 상가 지역을 살펴보면 상층부보다 오히려 더 심각하게 공실이 많은 것을 볼 수 있고, 대부분 상가에서 가장 공실률이 높은 것도 2층이다. 2층 상가의 어려움은 1층 상가 다음으로 높은 고분양가에 그 원인이 있지만, 최근 몇 년 사이 상가 입점 업종들의 패턴이 변한 것도 하나의 원인이다.

상가 2층의 추천 업종에는 어떤 것이 있을까? 상가 분양 현장에서 배포하는 2층 권장 업종들을 살펴보면 크게 세 가지 군으로 나뉜다. 첫째가 은행 객장이고, 둘째가 전문음식점군, 셋째가 이·미용 관련군이다. 아마도 상가 분양 자료를 살펴보거나 신규 상가에 입주를 원하는 창업자들이 인근 부동산 중개업소를 찾는다면 2층 업종은 이 범위 내에서 설명될 것이다. 그렇다면 이 업종들이 상가 2층에 입점하는 데 어떤 문제점들이 있을까?

첫째, 은행 객장 출점의 가능성을 살펴보자. 최근 몇 년 사이 시중은행 통합으로 인해서 하나의 상권에 은행이 입점할 수 있는 상가는 제한적이고, 지역은행(지역농협, 신협, 새마을금고)의 경우에는 높은 분양가의 상업 지역보다는 핵심적인 배후세대의 조건이 충족되는 근린상가를 더 선호한다. 또한 상업, 업무 지역에 분포하는 증권사는 하나의 도시에 제한적으로 입점하고, 특히 지역의 경제적인 수준에 따라서 입점 여부가 결정되므로 여러 개의 증권사가 하나의 상가에 집중되는 경향도 있다. 따라서 2층에 은행, 금융권을 유치하는 것은 제한적일 수밖에 없다.

둘째, 전문음식점군의 출점 가능성을 살펴보자. 기존에는 가족형 음식점이 2층에 입점해 한 개 음식점당 전용면적 30~40평 전후를 차지했으나, 고객들의 선호가 대형 복합쇼핑몰에 입점한 다양하고 차별화된 음식점들로 집중되고 있다. 또한, 고분양가에 따른 임대료 부담으로 지역 내 음식점 상권을 이끌고 있는 프랜차이즈 창업자들도 상업 지역보다는 상대적으로 임대료가 낮은 상가 주택지를 선호하는 현상이 뚜렷해지고 있는 것도 상가 2층에 음식점 진입이 감소하고 있는 원인이다.

셋째, 이·미용 관련 업종의 가능성을 살펴보자. 헤어숍, 네일, 스킨케어, 왁싱숍들이 이에 해당되는 업종으로 보통 2층 헤어숍은 프랜차이즈 업체에서 선호해 전용면적 40~50평을 선호한다. 그러나 높은 임대료 부담으로 최근에는 2층보다는 3층으로 분산되는 것도 2층 공실률을 높이는 주범이다.

2층 공실의 문제는 MD 구성 패턴의 변화 못지않게 결국 높은 분양가로 인한 높은 임대료의 부담이 원인이다. 입점률을 높이기 위한 MD 구성 업종 카테고리 중에서 은행, 금융권의 패턴은 앞으로 더욱 어려워질 가능성이 크다. 전문음식점군과 이·미용 관련 업종은 상가 상층부나 다른 입지에 임대 예정자를 뺏기지 않기 위해서 높은 임대료를 낮출 수 있어야 한다. 또한 1층의 높은 임대료 부담으로 넓은 면적을 확보할 수 없는 메이저 프랜차이즈 카페전문점들과 햄버거 업체들도 유치 가능성이 있다. 최근 유명 프랜차이즈와 햄버거 프랜차이즈 업체의 경우 전략적으로 2층 출점을 검토하는 업체들이 증가하고 있다.

다음으로 새로운 업종인 반려견과 반려묘 시장의 확대로 1, 2층을 연결한 동물병원들도 전문성을 가진 여러 수의사들이 협진하는 체제로 변하면서 대형화되는 추세이므로 2층 입점을 적극 유도해볼 필요가 있다. 또한 1층 30평 이상의 면적을 선호하는 안경점들도 최근에는 2층 출점이 증가하고 있어서 만약 안과가 개원한 상가라면 관심을 가져볼 만하다.

2층 MD 구성은 어쨌든 최근 가장 변화가 크지만, 1층과 상층부를 연결하는 층이므로 중요성이 더욱 커지고 있어서 상가 시행사, 분양사, 상가 투자자 모두 관심을 가지고 살펴봐야 한다.

상가 각 층별 MD, 어떤 업종과 업체를 유치할 것인가?

앞에서 신규 상가에 맞는 업종 카테고리와 상가 활성화를 좌우하는 전략 업종에 대해서 알아보았다. 아울러 배후세대 인구의 이용 빈도가 높은 병원, 학원과 임대를 맞추기 취약한 2층의 MD 구성의 어려움을 어떻게 극복할 것인지도 살펴보았다. 그렇다면 이번에는 신규 공급되는 상업용 건물에 입주하는 실제 업종들과 브랜드들에는 어떤 것이 있는지 살펴보기로 하자.

일반적인 상업용 건물은 지역에 따라서 차이가 있지만 상업 지역의 경우 12층 전후가 일반적이고, 준주거 지역은 5층, 근린생활 지역 상가의 경우 7층 이하가 일반적이다(지역에 따라서 차이가 있다). 다음은 국내 상업용 건물 중 근린상가, 상업 지역, 주상복합상가, 스트리트형 상가에 실제 입점하는 업종의 사례들을 조사한 것이다. 내가 직접 조사한 1층과 2층 MD 업종으로, 실제 필요 전용면적과, 브랜드가 표시된 경

상가 1, 2층의 주요 업종 구성표

업종/브랜드		면적(㎡)/특이사항	업종/브랜드	면적(㎡)/특이사항	업종/브랜드	면적(㎡)/특이사항
편의점		50/품목 증가로 면적 확장 추세임	다이소	330/상권 규모 지역에 따라 서 입지 모델 차이가 있음	피자스쿨	33/배달형, 테이크아웃
커피	스타벅스	본사담당자 협의 고정 월세형 or 수수료형	드럭스토어 (화장품)	200/역세권, 아파트, 대학가 선호	도미노피자	82/면도 2차선, 왕복도로, 전면 6M/오토바이 5대 주차 공간
	힐리스	132.4(40평)	SPA숍(패션)	200/복합몰, 스트리트상가 선호, 역세권 상업지역	7번가피자	50/1층형 85/2층형
	탐앤탐스	99/1, 2층	가구, 홈인테리어	200~330 이상 대기업 전출로 대형화 추세	브랜드 패션	66/단일브랜드보다는 편집숍이 증가 추세
	메가커피	26.4/테이크아웃	헤어, 미용	130/2, 3층 전문점형	액세서리, 잡화	45
햄 버 거	버거킹	200/1, 2층 시 1층 30평 이상	네일, 왁싱, 헤나	33/1, 2층 고른 분포	식빵전문점	45
	롯데리아	130/정규점 기준	아시안푸드	100/태국, 베트남	부동산	33
	맘스터치	85/전면 5M 이상	커리	130/직영점 형태	여행사	33
파리바게트		99.17/가페형 기준	중화요리	150/전문점	홈설비	45
					스시	66
					도시락전문점	45

업종/브랜드	면적(㎡)/특이사항	업종/브랜드	면적(㎡)/특이사항	업종/브랜드	면적(㎡)/특이사항
이동통신	45	삼겹/고기	130/프랜차이즈형	곱창·양갈비	100/프랜차이즈, 독립점형
화장품전문점	45	한식전문점	100/찌개, 찜, 보쌈류	만두, 분식	45/만두, 분식, 김밥
치킨	66/카페형	떡전문점	6/카페형	샐러드전문점	33/테이크아웃형
부대찌개	100	반찬전문	45/면적 확장 추세 품목 증가	스몰비어	50/수제 맥주형/증가의
동물병원	100/2층 대형화 추세	세탁편의점	45/연료, 오피스텔, 주택가형		미들비어형으로 진화 중
약국	45/병원 건물	죽전문점	66/카페형	쥬얼리전문점	45/쥬얼리 준보석
떡볶이·스낵	45	일본식우동	50/우동, 도까스, 라멘	참치전문점	100/2층 전문점형
샌드위치	85	프리미엄김밥	50	시중은행	230(객장/무인점포)
홍삼 전문점	45	유기농전문	50/기본형	지역농협	160(객장/무인점포)
문구전문점	160	감자탕/해장국	100-1층형/ 230-2층 가족형	신협	100(객장/무인점포)
도넛, 아이스크림	50	남성미용실	45	새마을금고	100(객장/무인점포)

(※ 시중은행·지역농협·신협: 은행)

우에는 해당 브랜드 홈페이지에 나타난 가맹점의 최저 전용면적 요구 조건을 기준으로 작성했다. 상권에 따라서 차이가 있지만, 상가 MD 구성에 참조할 수 있도록 조사해 표를 만들었다.

1, 2층에 입점한 업종과 필요면적은?

각 층별로 최종 MD가 맞춰지는 업종들을 살펴보면 저층부인 1, 2층의 경우 인접 배후세대, 인구와 해당 상권을 이용하는 유동인구의 이용 빈도가 높은 업종이 중심을 이룬다. 구매의 특성은 회전율이 높고, 반복 구매의 빈도가 높은 편의품 위주의 구성이 이루어지고, 중심 상업지역의 경우 여기에 고가의 브랜드나 선매품의 입점도 이루어진다. 상가 임대료는 저층부는 높은 분양가와 임대료로 인해서 상대적으로 전용면적이 적고, 상층부는 전용면적이 큰 업종이 중심을 이루지만, 기업 간 경쟁이 치열해 생활용품, 카페, 패스트푸드의 경우 본사 직영 점포가 증가하면서 대형 면적의 빈도가 높아지는 추세다. 프랜차이즈 브랜드를 직접 언급한 경우, 2019년 기준 해당 업체 홈페이지에 기재된 점포의 조건을 참고해 작성했다(일부 오차가 있을 수 있음).

3층 이상에는 어떤 업종이 입점할까?

앞에서 업종 카테고리 부분에서 다루었지만, 3층 이상의 상층부 업종은 일반적으로 상권 범위가 넓은 서비스업이 대부분이다. 그러나 최근 몇 년 사이 저층부 분양가와 임대가가 높아지면서 저층부 업종인 음식점, 주점, 그리고 비교적 회전율이 낮은 서점 등의 판매점과 대형 안경점들도 상층부 진입이 늘어나는 추세다. 현재는 이런 층별 업종의 진입 장벽이 낮아져서 어떤 타깃 고객을 대상으로, 어떤 방법으로 마케팅을 할 것인지만 분명하면 성공 가능성이 높아진다는 것은 고무적인 일이다. 다음의 표는 일반적으로 3층 이상 상층부에 입점하는 업종들을 정리한 것으로 앞에서 다루었던 업종 카테고리와 중복되는 점이 있지만 정리하는 의미에서 표로 작성했다. 코로나19 이후 가장 큰 변화를 맞고 있는 유흥오락 업종은 생략했다.

상가 3층 이상 층의 주요 업종 구성표		
분류		현황
병원(의원) 진료과목 표시 기준 분포 순위		치과의원(병원)〉한의원(병원)〉내과〉이비인후과〉소아청소년과〉정형외과〉안과〉산부인과〉피부과〉정신건강의학과〉마취통증의학과〉비뇨기의학과〉외과〉성형외과 (통계청 통계 자료 참조) * 비고 : ① 현재 분포 현황과 개원이 증가하고 있는 최근 인기 과목과는 차이가 있다. ② 진료 형태와 수술, 입원 여부에 동일 과목이라도 규모에 큰 차이가 있다.
케어		요양원, 산후조리원, 심리상담센터 * 비고 : 요양원은 종사자가 자격 조건을 갖추고 자가 비율이 일정 범위를 넘어야 한다.
학원 · 취미 · 운동 · 휴게	보습(초중) 입시(고)	보습 : 영어학원, 수학학원 입시 : 수학전문, 영어전문, 국어전문, 사회탐구, 과학탐구, 논술
	어학원	영어, 중국어, 기타 외국어 * 비고 : 영어 관련 어학원은 대형 프랜차이즈 학원이 높게 분포된다.
	예술	학생 : 피아노, 미술, 성악, 특기 악기, 창의센터, 스피치 성인 : 실용음악 , 성인 미술, 성인 피아노

분류		현황
학원 · 취미 · 운동 · 휴게	운동	태권도, 합기도, 유도, 복싱, 주짓수, 검도, 피트니스, 요가, 필라테스, 발레, 리듬체조, 축구교실, 농구교실, 탁구교실, 점핑다이어트
	휴게	골프존, 실내야구장, VR방, PC방, 블럭방, 당구장, 바디스킨, 뷰티 에스테틱, 노래방, 만화카페
교육		스터디카페, 독서실, 어린이 영어도서관
금융		증권회사, 저축은행 *비고 : 지방은행 수도권 진출과 저축은행 객장 3층 이상 출점이 증가하고 있다.
종교		교회, 성당
키즈카페		키즈카페 *비고 : 전층 규모보다 200㎡ 이하 특화형 출점이 증가하고 있다.
사무실		영어, 수학 학습, 보험영업소 지역 영업 관련 사무소 출점형

상가 MD 구성 사례

합정역 메세나폴리스와 딜라이트스퀘어 MD 구성 사례

도심 스트리트형 상가 MD 구성을 배울 수 있는 상가로는 합정역에 위치한 메세나폴리스와 맞은편에 위치한 한강푸르지오 상가동인 딜라이트스퀘어가 있다. 합정역은 서울 순환선인 2호선과 서울 시내 동서를 잇는 6호선이 환승하는 지역으로 인접한 2호선 홍대입구역과 함께 젊은 층과 직장인의 이동이 많은 지역이다. 참고로 2호선 합정역의 1일 승하차 인원은 2019년 기준 약 7만 명 정도다. 그렇다면 이 두 개의 스트리트형 상가 MD 구성에서는 어떤 점을 배울 수 있을까?

서교동 메세나폴리스

2012년 GS건설에서 건설해 준공된 주상복합형 상가로 617세대의 아파트와 복합상가업무동이 지하 1층과 지상 3층에 분포된 건물로 계곡을 모티브로 상가동을 설계했다. 지하 1~2층이 상가고, 지하층은 합정역과 직접 연결되어 집객력을 높인 것이 강점이다. 상가 시행 초기부터 분양을 중심으로 진행해 상가는 투자자들의 구분소유로 되어 있다.

메세나폴리스는 홍대입구역 동선 연결과 인접한 서교동, 합정동과 고양, 일산, 파주로 연결되는 노선 버스정류장이 인접해 상가 내 집객력이 높다. 이런 점 때문에 메세나폴리스 상가의 각 층별 MD와 카테고리별 전략 키테넌트는 상가 시행이나 분양에 종사하는 분뿐만 아니라 스트리트형 상가 투자자나 창업을 준비 중인 분들 모두 찬찬히 살펴볼 필요가 있다. 그렇다면 메세나폴리스의 주요 전략업종인 대표적 키테넌트들을 살펴보자(2019년 11월 시점 기준).

- 생활용품과 슈퍼마켓 : 홈플러스
- 패션/SPA : 유니클로, 무인양품, 탑텐 ,에잇세컨즈, ABC마트 등
- 식음료 : 스타벅스R, TGI, 맥도날드, 파스쿠찌 등
- 문화, 집객 : 롯데시네마

다음의 표는 카테고리별 브랜드 입점 현황으로 조사 시점에 따라서 차이가 나지만, 카테고리별 주요 브랜드 현황을 익히는 데 도움이 될 것이다.

메세나폴리스 B1 입점 MD 구성

분류	상호	아이템	분류	상호	아이템	분류	상호	아이템
B1-식음료	롤링핀	베이커리, 커피	B1-식음료	미용	수제떡	B1-식음료	행복가마솥밥	가마솥밥
B1-식음료	쿠차라	멕시칸 분식	B1-식음료	젤라킹	젤라또	B1-식음료	효자동밥상	한식
B1-식음료	카페라피	커피, 파스타	B1-식음료	방스만두	만두	B1-식음료	이오카츠	돈카츠, 우동
B1-식음료	스타벅스R	커피, 베이커리	B1-식음료	영동할머니국수	국수	B1-식음료	불부부대찌개	부대찌개
B1-식음료	카페리엔즈	커피, 디저트	B1-식음료	착한불백	불백, 삼겹살	B1-식음료	마마된장	된장찌개
B1-식음료	카페리지	커피, 디저트	B1-식음료	생어거스틴	아시안푸드	B1-식음료	서가원김밥	한식, 김밥
B1-식음료	서가앤쿡	패밀리레스토랑	B1-식음료	백리향	중화요리	B1-식음료	포상팜	쌀국수
B1-식음료	TGI	스테이크	B1-식음료	연안식당	한식, 꼬막비빔밥	B1-식음료	아티제	베이커리
B1-식음료	소공동뚝배기	순두부	B1-식음료	등촌동샤브샤브	칼국수, 샤브샤브	B1-식음료	순남시래기	시래기국
B1-생활	리얼컴포트	뉴오백	B1-생활	이화약국	약국	B1-생활	메세나공인중개	부동산
B1-생활	준오헤어	미용	B1-생활	휴티크	안마의자	B1-생활	퀸비캔들	캔들, 방향제
B1-생활	조이뮤직	음반, 문구	B1-생활	메세나치과	치과	B1-생활	함정수선집	수선
B1-생활	라보엔드	종괴P, 빈티지	B1-생활	한국금가래소	금	B1-생활	단지내공인	부동산
B1-생활	이이머플라워	꽃	B1-생활	KT올레	이동통신	B1-생활	홈플러스	대형마트

분류	상호	아이템	분류	상호	아이템	분류	상호	아이템
B1-패션	메세나네일	네일, 속눈썹	B1-패션	살롱드뮤드	패션의류	B1-패션	에잇세컨즈	패션의류, 악세사리
B1-패션	로프트490	패션의류, 가방, 수제화	B1-패션	레스트앤굿즈	패션소품	B1-패션	ABC마트	슈즈
B1-패션	글라스스토리	안경, 렌즈	B1-패션	원더플레이스	패션의류, 악세사리	B1-패션	에뛰드하우스	화장품
B1-패션	더샘	화장품	B1-패션	콜럼클리오	화장품	B1-패션	랄라블라	드럭스토어
B1-패션	이니스프리	화장품	B1-패션	아리따움		B1-패션	로이드	골드, 준보석
B1-패션	더블링	여성의류	B1-패션	엑센트	악세사리	B1-패션	나이키	스포츠웨어, 신발
B1-패션	더바디숍	스킨, 바디케어	B1-패션	홀랜드앤바렛	건강식품	B1-패션	양키캔들	캔들, 방향제
B1-패션	올리브영	드럭스토어	B1-패션			B1-패션		

마포 한강푸르지오 상가동 딜라이트스퀘어

마포 한강푸르지오는 2016년 1, 2차단지 아파트 396세대와 오피스텔 448실로 구성되어 있고, 이곳의 지하 2층~지상 2층의 상가동이 바로 딜라이트스퀘어다. 이 스트리트형 상가 MD에서 상가 시행 분양사와 상가 투자자, 창업자가 배울 것은 지하 2층 교보문고가 입점한 상가동이다.

딜라이트스퀘어의 층별 입점 상가

최근 대형 상업시설에서 적극적으로 활용되는 임대전략 중 하나가 마스터리스 방식이다. 마스터리스형 임대 방식은 상가 건물의 전체나 건물 일부를 사업자가 임대 후 재임대(전대) 하는 방식으로 시행사가 빠른 분양을 위해서 활용하는 방법이다. 마스터리스로 임대한 업체가 강력한 키테넌트를 중심에 두고 재임대 상가를 배치해 집객력을 높여서 상가를 활성화하는 방식이다. 딜라이트스퀘어 상가 분양 초기에는 스타벅스와 1층 일부 업종을 제외하고는 분양뿐만 아니라 임대를 맞추는 데도 고전했다.

당시로서는 지하 2층의 교보문고가 있는 상가도 분양이 이루어지지 않아서 공실 상태에서 2016년 하반기 교보문고가 임대 계약을 하고, 여기에 교보문고를 입점시키고 당시 붐을 일으키던 한식뷔페 계절밥상을 포함한 식음료와 생활용품 판매, 서비스 업체를 재임대해 상가의 집객력을 높였는데, 이것이 바로 마스터리스형 임대다(계절밥상은 현재 VIPS로 바뀌었다).

시행 분양사로서는 마스터리스 임대 후 딜라이트스퀘어의 미분양 상가들을 분양과 임대로 맞출 수 있었으니 성공한 전략으로 볼 수 있다. 교보문고는 마스터리스로 임대한 지하 2층을 2018년 매입하였다. 임대보다는 매입이 장기적인 포트폴리오 전략에서 유리하다고 판단한 것으로 볼 수 있다. 물론 딜라이트스퀘어 역시 경기 침체와 코로나19가 겹치면서 상당수 공실이 발생하고 있어서 도심 상권의 어려움이 반영되고 있다.

어쨌든 이 마스터리스 방식은 잘만 활용하면 성공적인 상가 활성화와 분양에 도움이 되지만, 대형 상업용 건물 사업장에서 이 방식을 채택하는 경우 상가 투자자들은 특히 주의해야 한다. 딜라이트스퀘어의 마스터리스형 임대가 성공한 것은 지하 2층이 미분양 상가였기 때문에 임대료나 분양가를 시행사에서 적정 수준으로 책정해도 문제가 없었다는 이야기다. 만약 높은 분양가로 분양한 상가를 마스터리스 방식으로 임대할 계획이라면 구분상가들을 임차인의 필요 면적에 따라서 합치는 작업과 낮은 임대료가 전제되어야 계약이 진행될 것이다. 이 경우 시행사 차원에서 상가 투자자에 대한 지원과 보상이 필요하고, 그렇지 못할 경우 상가 투자자는 기대 수익률을 달성하기 어렵다.

위례신도시 중심 상업지역 – 우성트램타워

특수전사령부와 국군 주요 시설이 이전하고 서울시 송파구, 경기도 성남시, 하남시 3개 행정구역 사이에 강남권 주거 중심 신도시로 개발된 것이 위례신도시다. 이곳의 계획 인구는 110,291명으로 2019년 12월 기준으로 위례동을 사용하는 3개 행정동(송파구, 성남시, 하남시) 인구 합계는 92,921명으로 계획의 84.2%가 입주를 마쳤다. 중심 상업지역은 도시의 중심부에 배치해 위례중앙타워, 우성트램타워, 아이에스센트럴타워, 아이플래스와 광장을 사이에 두고 맞은편에는 업무복합시설인 한화오벨리스크가 있다.

위례신도시 중앙광장 주변 중심 상업지역의 업종은 유흥 업종 규제로 인해서 입주 업종이 근린생활업종 중심으로 채워졌다. 특히 이 중 우성트램타워는 A, B동으로 구성되어 가장 짜임새 있게 MD가 구성되어 일부 공실은 있지만 상층부는 대부분 입주가 완료되었다. 우성트램타워 MD에서 배울 수 있는 점은 위례 인구를 세분화해 주민 집객 유발 효과가 뚜렷한 업종들을 입점시켰다는 것이다.

대형 건물일수록 주거 지역의 타깃 세분화를 통해서 우선 전체 주민들이 이용하는 필수 업종과 성인, 자녀 층이 세분화해 이용할 수 있는 업종을 집중 유치하는 게 상가 집객력도 높이고, 공실도 그만큼 줄일 수 있다. 따라서 이런 전략은 상가 시행사로서도 투자자 중심에서 실제 상가를 이용할 대상들이 누군지를 판단해 MD 구성 전략을 수립해야 한다. 지금부터 우성트램타워 A, B동의 입점 현황(2019년 5월 기준)과 우성트램타워 MD에서 지역 주민 집객력이 높은 업종들은 어떤 것이 있는지 살펴보자.

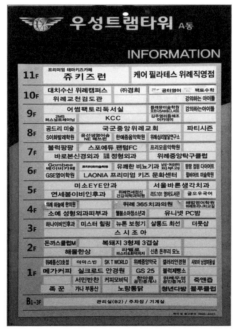

위례신도시 우성트램타워 A동 입점 현황

전체 주민들의 집객력 - 메디컬

상가 지역 상층부를 채우는 업종 중에서 메디컬 과목만큼 상가의 안정성이 높은 업종도 없다. 우선 정신과나 한의원같이 상대적으로 낮은 개원 비용을 제외하고, 인테리어 및 장비, 시설비 비용이 높아서 개원의들은 그만큼 신중해질 수밖에 없다. 조사 시점에 메디컬은 20개가 개원하고 있고, 치과, 한의원, 소아청소년과 이비인후과는 중복 출점하고 있어서 경쟁이 치열하다. 또한 전문과목이 아닌 복수 진료 과목을 추가해 병원 간 경쟁도 치열하지만, 그만큼 메디컬 상가로서 입지 경쟁력이 있다고 볼 수 있다. 이것은 위례 주민 전체의 집객력을 높이고 저층부 입점을 촉진하는 역할을 한다.

강력한 소비력 학생들 - 학원

어느 상권이나 10대 학생층의 소비력은 막강하다. 상가에서 이런 소비력을 촉발할 수 있는 것은 학원들로 결국 이들이 저층부의 스낵, 안경점, 패스트푸드의 진입을 돕게 된다. 그중에서도 입시전문 영어, 수학 관련 학원들의 집중성이 높아서 고등학생들의 야간 학원 이용수요가 높다. 음악, 미술, 스포츠 등의 학원은 유치부부터 입시전문까지 다양한 학년 층을 대상으로 한 학원들이 많다. 특히 최근 신도시에서 눈에 띄는 것은 발레 관련 학원이고, 음악보다는 미술 관련 학원이 늘어나는 추세다.

성인관련 취미, 자기개발

피트니스, 요가, 필라테스, 어학원 등은 주중 낮 시간에는 주부들을,

퇴근 이후에는 직장인을 대상으로 하는 경우가 많다.

종교 관련 — 교회(B동)

교회는 평상시 상가의 활성화에는 도움이 되지 않지만 주말, 주중 예배가 있을 때 집객력을 높인다. 특히 이곳이 과거 특전사가 있던 부지로 군인 관련 아파트와 기숙사들이 있다는 것을 감안하면 군인교회의 입점은 상가에도 도움이 된다.

이처럼 위례 우성트램타워 A, B동의 경우, 현재 상가의 활성화 여부를 떠나서 위례신도시에 거주하는 지역 주민이라는 타깃에 적합한 업종 구성으로 유치 전략을 짰다는 점에서 지금과 같은 공실이 넘쳐나는 신도시에서 시행사, 분양사들이 어떻게 MD 구성을 실행할 때 공실률을 줄이고 집객력을 높일 수 있는지 잘 보여주는 사례다.

미사강변도시 북쪽 근린 상업지역 상권과 MD 구성

미사강변도시는 하남시 미사 1, 2동, 풍산동과 덕풍동 일부가 포함된 공공주택지구로 조성된 신도시다. 이곳의 계획인구는 112,557명으로 2019년 12월까지 미사 1, 2동과 풍산동 인구만 117,662명으로 계획인구를 넘어섰다. 이것은 신도시의 특징인 공공주택지구로서 서민주거 안정을 위해 조성된 도시이고 대부분이 LH에 의해서 공급된 주택의 비중이 높았기 때문이다. 대표적인 상권은 도시 중심부에 5호선 연장 하남선 미사역 주변으로 중심 상업지역이 있고, 남북으로 1개씩의 근린 상업지역이 있다. 지금부터 소개할 상권은 북쪽 근린 상업지역으로 일반적인 주거 지역의 근린 상권은 생활권 단위로 상권이 형성되어 항아리 상권이라는 표현을 쓴다. 북쪽 근린 상권은 근린 상업용지 30개 필지와 주차장 용지 2개, 유치원 용지 1개가 공급되었다.

근린 상업용지의 상가를 선택할 때는 무엇보다 근린상가를 이용할 배후세대의 규모가 어느 정도인지와 얼마나 빨리 아파트 주민들이 빨리 입주하는지가 중요하다. 이렇게 볼 때 미사강변도시 북쪽 근린 상업지역은 근린상가 선택에서 교과서와 같은 지역이다. 즉, 북쪽 근린 상업지역은 남쪽 근린 상업지역이 48개 필지인데 비해 용지 공급 규모가 적고, 미사역 중심 상업지역의 본격적인 상가와 상권이 형성되기 시작한 시점이 2019년 초반인데 비해서 북쪽 근린 상업지역의 상권 범위는 중심 상업지역과 경계를 이루는 아리수로 북쪽 미사 2동 전체로 규모가 광범위하다. 북쪽 근린 상업지역의 상가 입주가 본격적으로 진행되던 시기가 2016년 초반임을 감안하면 약 3년 정도가 빠르다.

또한 미사 2동의 2019년 12월 인구는 48,270명(18,643세대)인데, 상가 입주가 본격적으로 이루어지던 2016년 12월 기준 입주자는 34,617명(12,762세대)로 주민들의 빠른 입주가 상권의 안정화와 활성화에 도움이 되었다. 이점은 일반적인 항아리 상권이라고 이야기하는 근린 상권의 절대조건인 충분한 소비력을 갖춘 배후인구가 어느 정도인가 하는 것이 무엇보다 중요하다는 것을 보여준다.

신도시, 택지지구의 근린상가 선택에서 또 하나 참고할 사항은 비슷한 분양가라면 빠른 시행이 이루어진 상가부터 먼저 채워지는 속성이 있고, 한 개 필지보다 두 개 필지를 합쳐서 시행하는 상가가 중심 상가가 될 가능성이 크다는 것이다.

또한 동선에서도 상권 내 진입하는 차량과 사람이 동시 접근하고 아파트 세대수가 많은 단지에 인접한 상가 방향의 활성화가 빠르다. 상가 MD는 전면 도로변의 저층부는 생활용품, 브랜드 F&B가 업종의 대세를 이루고, 2층은 은행, 미용실, 3층은 병원, 4층 이상은 학원으로 이루어지는 게 전형적인 형태다. 이면도로는 음식점, 주점이 대세를 이루지만, 인접한 상가주택지의 1층 상가 임대료와 경쟁을 하게 되며, 이 상권도 미사강변대로 맞은편 상가주택지는 주로 카페, 주점, 음식점들로 구성된다.

내부 유치원 용지 인근은 후면 아파트와 공원이 인접해 학부모들과 유치원생들의 이동이 빈번하므로 슈퍼마켓, 스낵, 커피집 등도 비교적 안정적인 매출을 형성하고 있다.

학원 상가 MD

여러 번 언급하지만 배후인구가 집중된 지역에서 상권이 활성화된 곳에는 병원과 함께 학원들의 분포가 높다. 특히, 대학입시 학원이 많은 곳이 학생들뿐만 아니라 엄마들의 소비가 높아서 상권이 안정된 것이 특징이다. 이와 반대로 자족시설인 제조업을 포함한 기업들이 많다 하더라도 학원과 학교, 특히 고등학교가 없다면 안정적인 상권 발전은 어렵다.

대표적인 지역이 평택항이 있는 포승읍으로 고등학교가 없다 보니 입시 학원도 없다. 지역은 평택항을 기반으로 한 대기업의 제조업체와 평택항만 개발, 해군 함대사령부가 위치해서 지역의 기반 자족시설은 충분하지만, 10여 년 전과 비교해도 인구 변화는 거의 없고 오히려 감소했다. 상권 내 업종도 유흥숙박업만 활성화되고, 거주자들도 대부분 독신자나 나홀로족만 지역 내에 거주하고 있다. 가족거주자의 경우 고등학교에 진학할 때가 되면 이곳에 직장이 있다 하더라도 학군이 좋은 안산 등지로 이사를 하고, 출퇴근을 하기 때문이다. 다만, 포승읍의 경우에는 안중읍과 포승읍 사이에 조성되고 있는 화양지구가 개발되면 청북까지 포함하는 삼각축 중심에 위치하게 되어 상권도 변화가 예상된다.

서울의 대치동과 중계동, 분당의 정자동과 같은 학원가가 밀집된 곳은 고등학교의 분포뿐만 아니라 배후인구의 밀집도가 높은 것이 특징이다. 따라서 이런 대표적인 지역뿐만 아니라 지역의 대표 학원가는 학원뿐만 아니라 연관 업종들로 인해서 매출 또한 높은 것이 특징이다. 경기도 수원 장안구의 대표적인 학원가는 수원중부경찰서가 있는 정자 3동 주민센터 앞 상권이다. 수원 장안구는 2019년 12월 기준 인구 278,377명으로 이 중 인구의 대부분이 수원 서북쪽 정자동, 천천동, 파장동, 이목동, 조원동 일대에 거주하고 있다. 학원가가 집중된 정자 3동은 이 중에서 주변 학생들의 접근이 가장 좋은 지역이다. 그렇다면 학원가가 집중된 상가에는 어떤 업종이 잘될까?

정자 3동에 위치한 정연메이저빌딩의 모습

사진은 이곳 상가 중 가장 규모가 크고 입시 학원이 가장 많은 정연 메이저빌딩의 MD 구성이다. 상가 규모와 학원 입점 숫자가 압도적으로 높다 보니 각 업종 간 연관성도 그만큼 높다.

입시 학원

조사 시점에 따라서 차이가 나겠지만 호실별로 계산해보면 약 30개가 넘게 운영되고 있다. 미술, 음악 학원들도 입시 중심이라면 이 숫자는 늘어난다.

학원과 연관된 지원 업종

대표적인 것이 10층의 독서실과 지하층의 참고서, 학원 교재, 문구를 파는 서점이다.

미용, 소품

여학생이 많이 사용하는 화장품, 미용, 소품 판매점으로 다이소, 올리브영, 이니스프리, 깔깔마녀, 빠리걸 등이 있다.

식음료

맘스터치, 명랑핫도그, 세계과자, 버블티, 호떡, 도시락, 고봉민김밥, 뚜레쥬르, 커피집 등이 있다.

병원

치과, 이비인후과, 한의원, 피부비뇨기과, 정신건강의학과가 있고, 이 중에서 피부비뇨기과는 피부과 쪽에 중점을 두는 듯하다.

세탁

운동화빨래방, 세탁나라가 있고, 엄마들이 많이 찾는 듯하다.

근린상가 F&B와 문화, 오락 중심의 MD 구성 사례

어느 지역이든지 상가 공급이 과잉되면서 확실한 경쟁력을 가진 업종들이 입점해서 서로 시너지를 발생시키지 않으면 상가 경쟁력을 확보하기가 점점 어려워지고 있다. 이렇다 보니 상가 시행을 하면서 상권에 적합한 업종들로 MD 구성 계획을 수립하고, 실제 실행까지 하는 시행 분양사들을 보면 대단하다는 생각이 든다. 반면 개인 상가 투자자나 창업자들이 선호하는 주택지 인근의 근린상가의 MD 구성은 이제까지 단순했다. 저층부는 생활용품, 스낵, 패스트푸드 및 서비스를 판매하는 점포로 구성되고, 상층부는 학원, 미용실, 은행, 병원으로 구성되는 게 일반적이었다. 아직도 이런 업종 구성은 유효하지만 업종의 다양성보다는 배후주민들이 가장 많이 찾는 몇 가지 업종으로 특화해 집중한 상가들도 상가 활성화의 효과를 보고 있다.

안양 비산동 이마트 안양점 앞 1번국도인 경수대로와 안양천을 지나면 과거 덕천마을을 재개발해 2016년 입주한 래미안 안양 메가트리아 아파트 4,250세대를 만나게 된다. 이 아파트의 근린상가는 현재 재건축 사업이 예정된 진흥아파트 사이에 위치해 있다. 진흥아파트는 1,940세대로 재건축이 완성되면 2,723세대가 입주하며, 주변 배후세대를 합치면 약 8,000여 세대 가까운 근린 상권이 된다. 이 근린 상권 중 센트럴타워2 상가는 상가 지역 중앙 광장에 자리한 기역자 모양의 5층 상가다.

안양 메가트리아 아파트 근린상가 센트럴타워2

이 상가는 앞서 말했듯이 일반적인 근린상가의 MD 구성이 아니라 주민들이 가장 많이 이용하는 1~3층을 F&B(식음료, 카페, 주점) 중심으로 4~5층은 문화오락 중심의 상가로 구성해 전체 5층을 모두 채웠다. 가장 최근에 조사했던 센트럴타워2의 각 층별 입주 업종을 살펴보자

1층: 이디야커피, 하루엔소쿠(프리미엄 돈카츠), 본죽, 켄커피, 가장 맛있는 족발, 짬뽕 바다

2층: 투썸플레이스, 프라임아트인테리어, 미가편백, 거인감자탕, 제주돗괴기(화로구이)

3층: 마약양꼬치, 벤탄빌라(베트남·태국 음식점), 헬로우밀가루 키즈카페, ADD뷰티숍, 훠궈향 중식샤브샤브

4층: 피디에스PC방, 점핑다이어트, 헐크당구장

5층: 노마드북카페, ㈜지우산업개발, 스터디카페 플랜24, 리더스영어학원, 루체인알티스(애견카페)

위 업종들을 살펴보면 가족들이 먹고, 낮 시간 주부들이 차 마시고, 아이들은 키즈카페, 휴일에는 애견카페에서 반려견과 함께 즐길 수 있는 MD들로 구성해 집객력을 높였다. 이 상가의 MD 구성을 맞추기 위해서 어떤 과정이 진행되었는지는 알 수 없으나 최근 주택가 상권에서 가장 부합한 MD로 채웠다는 것을 알 수 있다. 이와 같은 상가 MD 기획이 가능하려면 다음의 조건이 필요하다.

첫째, 상가 구분 단계에서 확실한 업종에 대한 이해가 전제되어야 하고, 업종에 맞는 면적으로 상가 구분을 해 분양해야 한다. 업종에 적합

한 면적이 따라주지 않는다면 이런 MD 설계가 불가능하다.

둘째, 업종에 적절한 분양가와 임대료가 전제되어야 한다. 분양가, 임대료는 같은 근린 상권이라면 비슷하겠지만, 업종에 합당한 임대료가 되도록 조정할 수 있는지가 중요하다.

셋째, 시행 분양사, 상가 투자자의 의지와 확신이 필요하다. MD 구성 방향이 정해지고, 이것이 상권에서 가장 효과적이라면 초반 임대료를 맞추고 실행하는 시행 분양사와 이를 신뢰하고 지지하는 상가 투자자들의 의지와 확신이 중요하다.

지식산업센터와 산업단지 근린상가의 MD 구성 사례

1990년대 이후 제조업 경쟁력이 떨어지면서 공단이 있던 자리에 조성된 산업단지가 신흥 오피스타운으로 자리 잡은 것이 구로와 가산디지털단지다. 이후 공업 및 준공업 지역에 첨단 및 지식산업단지가 결합된 아파트형 공장과 대형 지식산업센터가 들어섰다. 여기에 더 나아가 수도권 첨단산업의 메카로 자리 잡은 것이 2000년대 이후의 평촌스마트타운, 2010년도 이후의 판교테크노밸리다. 여기에 동탄, 하남 등 수도권 신도시에는 자족시설에도 대규모 지식산업센터가 들어섰다. 앞서 지식산업센터의 기능과 상권의 특성을 충분히 설명했는데, 여기에서는 이런 첨단산업단지와 지식산업센터의 지원시설에 입주하는 근린생활시설 MD 구성의 사례를 소개하려고 한다.

그 사례는 바로 2014년 입주한 곳으로 지하 4층~지상 26층 규모의 연면적 53,000평으로 상주인구 약 5,000명에 달하는 독산동 현대지식산업센터다.

1F	T-101 김밥천국	T-102 수제요거트전문점 츌 쥬 답	T-103	T-104 우리은행	T-105 우리은행	T-106	T-107
	T-108 밥.볶.다	T-109	T-110 킹콩부대찌개	T-111 김가네	T-112 육가네집밥	T-113 현대약국	T-114 스마트치과	T-115 금천G밸리 어린이집
	T-116 금천G밸리 어린이집	T-117	T-118	T-119 피자해븐	T-120 경희참한의원	T-121 공장핸부동산 로사헤어살롱	T-122 투썸플레이스	T-123 미니스톱
	T-124 JNS세무회계	T-125	T-126 더풋샵	T-127 더풋샵	T-128 (주)한울인슈	T-129 V Place Dart Pub		
L	T-L101 금천구외아울종합지원센터 특산점	T-L102 반포식스	T-L103	T-L104	T-L105	T-L106 우리은행	T-L107 강촌식당
	T-L108 스타벅스	T-L109 오니기리와이규동 아이스빌리지	T-L110 뚜레쥬르	T-L111 미니스톱	T-L112 현대부동산중개	T-L113 백년녀일한우공방	T-L114	T-L115 노후코후
	T-L116 미스터차이나	T-L117	T-L118 더진국	T-L119	T-L120 한스델리 특산지식산업센터점	T-L121 명태골	T-L122 소공동뚝배기집	T-L123 오피스뱅크
	T-L124 샐러드로	T-L125	T-L126 슈퍼크랩 독산점	T-L129 현대푸드빌	T-L130 피움플라워	T-L131 미스사이공	T-L132	T-L133 공수간 국민치킨
	T-L134 후포항 둥태 매운탕	T-L135	T-L136 윤's육개장					
B2	T-B201 IS 휘트니스	T-B202 한양비전 골프존	T-B203 한양비전 골프존	T-B204 현대당구장	T-B215 세원 자동차공업사		

서울시 금천구 독산동에 위치한 현대지식산업센터의 MD 구성

이곳에는 쿠팡 등 대형 업체들이 입주해 있고, 오피스는 공실 없이 입주를 한 상황으로 근린상가 지원 업종 중 서비스 카테고리는 치과, 한의원, 어린이집이 입주해 있다.

다른 근린생활시설 업종으로는 음식점과 카페가 중심이지만, 지식산업센터 근린상가의 공통적인 특징은 점심시간 1~2시간과 저녁시간 1~2시간에 국한되고, 주말에는 근무를 하지 않아서 소비시간은 집중되지만 근무일수가 한 달 21일 정도가 한계다. 특히, 입주 업체 중 대형급식업체가 있어서 점심시간에 다른 음식점들의 가격대와 메뉴에서 경쟁을 어렵게 한다든 점을 고려해야 한다.

일반적인 산업단지와 대규모 지식산업센터에 입주하는 지원시설 업

종으로는 기업을 지원하는 세무사, 노무사, 법무사, 변리사와 병, 의원 중에서 통증 관련 정형외과, 통증의학과의 개원이 눈에 띄고, 자기 관리를 위한 피트니스, 필라테스, 요가, 마사지(건전) 업소들도 증가 추세다. 특히, 이런 지역의 경우 제한된 지역에 근무 형태와 연령대가 비슷한 근무자들이 생활하므로 입주 업종들은 모두 중복이 심할 수밖에 없다는 특징을 감안하고 투자든 창업이든 결정하는 것이 좋다.

메디컬 개원의 경쟁력 있는 입지는?

구도심이든 신도시, 택지 상권이든 병의원과 치과, 한의원 등 메디컬 과목으로 개원할 때 가장 경쟁력 있는 입지는 어떤 곳일까? 이 질문은 어쩌면 하나 마나 한 질문일 수 있고, 개인 능력과 경제력 기반 등 외적 능력차가 있기 때문에 확정적으로 이야기하기도 어렵다. 그러나 경쟁이 치열한 분야이다 보니 그래도 어떤 입지에 개원했을 때 실패의 가능성을 줄이고, 평균 이상을 할 수 있을까 하는 정의는 필요하다. 이제까지 현장 상권 조사를 하면서 경험한 것으로 미루어볼 때 크게 두 가지 입지 선택이 필요하다.

가장 먼저 개원이 시작되는 상가는 어디인가?

신도시, 택지지구는 상권, 입지가 떨어지더라도 가장 먼저 개원이 시작되는 상가를 중심으로 메디컬 상권이 형성되는 특징이 있다. 하나의 상가에 적게는 5개, 많게는 10개 이상 개원한 상가가 있다면 도시가 완성되더라도 이곳이 메디컬 상가라는 도시 주민들의 인식은 크게 바뀌지 않는다. 이 경우 신도시 상권 진입기에 메디컬 상권, 입지의 우열만 따지다가 나중에 보물 같은 입지를 놓치는 경우가 많다. 특히 신도시만이 아니라 기존 도심의 경우에도 로컬 상권에서 메디컬 상가로 안정적인 운영을 하는 곳에 개원하지 않은 과목으로 진입하는 것도 경쟁력을 가질 수 있는 방법이다.

신도시 상가의 메디컬 상가는 규모가 큰 곳이 경쟁력이 있다

신도시 상가 지역의 상가 건물은 용도 지역에 따라서 한 개 필지의 면적이 비슷하다. 신도시 상가의 법칙 중 하나는 한 개 필지에 상가를 신축하는 경우보다는 두 개 필지를 합쳐서 시행한 상가가 상권 내 중심 상가가 될 가능성이 높다는 것이다. 이런 규모가 큰 상가에 은행과 메디컬 과목 등 지역 주민들이 모두 빈번하게 이용하는 핵심 업종들이 입점할 가능성이 높다. 따라서 신도시 근린상가의 메디컬 경쟁력이 높은 입지는 한 개 필지보다 두 개 필지로 시행한 곳이 경쟁력이 높다.

다만, 앞에서 코로나19 이후 메디컬 상권 입지를 설명하면서 언급했던 2020년 1월 23일 개정 건축법 시행으로 인해 병의원, 치과, 한의원의 경우 1종 근린생활시설 의원으로 지정된 곳에서만 개원이 가능하다는 점을 염두에 둬야 한다. 심지어 같은 건물 내일 경우에도 다른 용도로 사용되는 층이라면 층간 이동도 어렵고, 이전에 의원으로 사용하던 곳도 1종 근린생활시설 의원으로 지정되지 않았다면 용도변경이 이루어져야 한다. 또한 상가 내 의원 합계가 500㎡ 넘는 상가라면 별도 장애인 화장실을 설치해야 한다는 점이 부담이 될 수 있다.

8장

시행사의 실행과
상가 출구전략

상가 시행 시기는
어떻게 결정할까?

상가 시행을 계획했던 지역의 아파트 시행이 늦어지거나, 입주가 늦어지면 개발계획이 불투명해지면서 계획에 차질이 생긴다. 불확실성의 증가는 상가용지를 보유하고, 아직 시행을 하지 않고 있거나 계획조차 잡지 못했다면 시행사로서는 어떤 결정을 하는 것이 최선일지 선택할 수밖에 없다. 2015년을 전후해 상가 시장 활황으로 신도시나 택지지구에 높은 분양가로 과잉 공급된 상가용지는 정상적인 인구가 유입된다 하더라도 수익률 확보가 어렵게 되었다. 더구나 부동산과 경기의 악화로 부지만 확보하고 시행을 하지 않았다면 실행 계획을 두 가지 방향에서 검토하게 된다.

시행을 어떻게 할 것인가(방법에 대한 문제)?

① 상가용지가 속한 지역의 전체 상권을 이해하기 위해 도시의 배후 인구 규모와 아파트 특징, 신도시 전체의 섹터별 상권 형성, 개발에 대한 검토를 하게 된다.

② 신도시에 영향을 받거나 영향을 받게 될 인접 상권에 대해 검토한다. 기존 구도심을 포함한 주변 상권에 대한 검토도 필요하게 된다.

③ 상가용지로 유입될 배후인구의 라이프 스타일에 대해 검토한다. 자족 기능 도시와 베드타운의 도시는 라이프 스타일에 따른 소비 형태에 차이가 있다.

④ 진입하게 될 예상 업종들의 입지 특징을 분석한다. 입지 배후세대의 라이프 스타일과 소비 형태에 따른 업종들에 대해 검토한다.

⑤ 가장 중요한 것은 상가용지가 속한 유효 상권 범위 내 인구, 세대 수가 충분한지와 준공이 나는 시점에 상가에 영향을 미칠 인구 규모가 얼마나 되는가 하는 것이다.

시행 목적과 방법에 대한 결정과 시기 문제

앞서의 시행 검토를 토대로 결국은 다음의 하나를 선택할 수밖에 없다.

분양을 목적으로 한 상가

대다수 상가 시행사의 목적은 분양이다. 일반적인 상가 분양은 최대

수익성 효율을 높여서 시행과 분양 계획을 수립한다. 따라서 일반적인 시행사는 상가의 상권, 입지 경쟁력과 내부 상가 구성 경쟁력을 통해서 빠른 분양을 하려고 하는 게 일반적이다. 그러나 오직 수익만 목표로 하는 질 낮은 시행사는 최대 수익에 목표를 두고 계획을 수립한다. 이 경우 적합한 MD 구성을 목표로 하는 것이 아니라 작은 면적으로 상가를 쪼개어 소액 투자자들도 쉽게 투자를 할 수 있도록 해서 준공 이후 상권 활성화에 문제를 일으키기도 한다. 부동산 및 자영업의 경기 상황, 상가 분양가, 분양 전략, 분양 시기가 성패를 좌우한다. 또한 상가 공실 문제가 부각되면서 분양뿐만 아니라 상가 활성화를 위해서 어떤 계획을 수립하고 있는지가 분양에서 중요한 마케팅 수단이 되고 있다.

임대만을 목적으로 하는 경우

중소 시행사와 대기업 시행사로 나뉠 수 있으나 무엇보다 충분한 금융 자산을 보유했을 경우 레버리지 효과를 염두에 두고 선택하는 방법이다. 그러나 개인 시행업자의 경우 상권, 입지 판단을 잘못하면 공실률이 높아져서 상당한 손해를 입을 수 있다. 대기업의 경우 주로 검증된 상권, 입지에 상층부는 아파트나 오피스텔을 짓고 저층부는 상가를 짓는 주상복합 형태를 많이 채택하고 있다. 계획된 MD 구성을 기반으로 상가를 설계하기 때문에 초기에는 활성화되는 듯 보이나 이후에 인접 지역에 더 뛰어난 경쟁력을 갖춘 상가가 진입 시에는 급격히 위축되는 경우가 빈번하다. 중소 시행사의 경우 임대로 운영 계획을 잡는다면 준공 전 충분한 상권 조사를 통해서 적합한 MD 업종 유치 계획을 세우고 무엇보다 로컬 부동산 중개업소를 통한 적극적인 프로모션을 통해서 공실에 대비해야 한다.

통매각이 목적인 상가

건설사에서 토지를 매입 후 시행한 뒤 임대 사업을 원하는 리츠사나 기업, 특수 목적 사용을 희망하는 기업에 매각하는 사례다. 두 번째는 개발 프로젝트가 워낙 커서 하나의 시행사가 아니라 여러 업체가 컨소시엄 형태로 결합된 경우다. 이 경우에는 우선 개발 후 세입자와 수익률을 최대한 높여서 통매각을 시도한다. 이때 매수 업체 입장으로서는 자본 투자를 감안한 수익성을 검토하므로 컨소시엄 측이 임차나 수수료 매장 입점 프로모션을 할 때 첫 번째 기준이 임대료와 관리비를 통한 수익률이 얼마나 높은가 하는 것이다. 매각 평가 이전에 최대한 공실률을 낮추는 것이 과제이기도 하다. 이 내용은 독자들과는 크게 관계가 없다. 다만, 이런 방법으로 시행한 상가의 통매각이 이루어지기 전 공실률을 줄이기 위해서 무리하게 키테넌트 업종 유치와 팝업 매장 비율을 높였을 경우, 얼마 가지 않아서 폐업으로 이어지면 실제 필요에 의해 입주한 임차인은 상권 침체로 애를 먹을 수 있다.

부지 매각

분양, 임대 모두 시행 시 위험성이 큰 상권이라는 결론이 나오면 적극적으로 매각을 하는 것도 최선의 방법이 될 수 있다. 역시 매각 시에도 어떤 타이밍에 매각을 할 것인지가 가장 중요하기 때문에 이에 대한 검토가 이루어져야 한다.

제3의 방법

자금 여력이 충분한 시행사라면 미래 상권 활성화 가능성이 있는 지역이라는 판단이 설 경우 건축에 층수 및 업종에 대한 규제가 없다면 상권 활성화가 예상되는 시간 동안 단층과 같이 최소 건축물을 건축해 임대한 뒤 일정 기간 유지하는 방법이다. 어떤 방법이든지 충분한 조사와 검토를 해야겠지만, 결단은 빠르게 하는 것이 좋다.

시행 분양사의 능력은
똑똑한 임차인 유치에 있다

　상가 경매와 투자에 관심 있는 분들을 만나보면 하나같이 얼마를 투자하면 얼마의 이익을 얻을 것인지에만 관심을 가진다. 앞서 수차례 강조했지만, 상가는 임차인을 유치하지 못하면 어떤 수익도 발생하지 않는 속성을 가지고 있으며, 대출금 이자만 쌓여가는 게 현실이다. 대한민국 상권에서 상가는 공급 과잉이고, 경기침체와 코로나19가 겹치면서 상가 공실률은 증가하고 있어 이중고를 겪고 있다. 그럼에도 오래도록 상가 시행을 해왔던 업체 중 일 잘하는 시행 분양사들은 상가 분양 시작과 함께 MD 구성 계획에 따라서 임대전략을 세우고 타깃을 정한 업종의 가망 임차인이나 프랜차이즈에게 적극 프로모션을 진행하고 있다. 능력 있는 상가 시행 분양사는 분양 이전에 주요 전략업종은 선임대로 유치해 상가 투자자들을 안심시키고, 투자자의 수익률을 끌어올릴 경우 분양이 더욱 손쉬워지게 된다. 상가 분양가가 높고 입지가 떨어지더라도 상권에서 입주가 먼저 이루어지는 상가를 중심으로 상권이 형성되어 활성화도 빨라진다.

상가 시행사들이 복수의 사업장에서 사업을 하는 경우가 많아서 한 사업장의 빠른 상권 활성화는 다른 지역 사업장에서도 사업의 지속성을 위해서 필요하다. 마곡지구 발산역의 경우, 마곡지구 근무자들의 주요 집객지역으로 초기 선임대를 중심으로 임대차를 확정한 상가와 그렇지 못한 상가의 활성화는 상당한 차이를 보였다.

시행 분양사의 경우 능력 없는 업체와 직원들이 모여 있을 경우 분양에만 목표를 두다 보니 상가 사용승인이 임박하더라도 시행 분양사 주도의 임대 전략이 없어서 상가 투자자 각자가 임차인을 찾아서 애를 먹게 된다.

상권 현장에 있다 보니 친분이 있는 몇몇 상가 분양사 본부장님들에게 MD 구성 전략에 대한 자문을 해주었는데, 그 내용을 종합하면 능력 있는 시행 분양사의 경우 적합한 MD 구성 전략에 따라서 사용승인 전에 집객력이 큰 업종으로 선임대를 맞추지만, 무능한 담당자들은 어떤 노력도 하지 않는다는 것이다. 착하고 무능한 현장 종사자보다는 인간미가 떨어지더라도 준비하고, 적극적으로 실행하는 현장 실무자를 만나는 게 상가 투자자나 시행 분양사 모두에게 행복한 일이다.

선임대와 확정 수익률의 상관관계?

　앞서 언급했듯이 시행 분양사나 투자자 모두에게 상가 사용승인이 나기 전에 선임대가 이루어지는 것은 상가 활성화와 원활한 분양을 위해서도 좋은 일이다. 그러나 임차인 입장이나 향후 투자자들이 취할 액션에는 여러 가지 생각해야 할 점이 많다.

　다음은 지난해 임차인인 메디컬 예비 원장님에게는 렌트프리를, 임대인이 될 상가 투자자들에게는 선임대를 맞추고 상가 분양을 준비했던 상가의 사례다. 수도권 인근 공공분양과 임대가 6 : 4 비율로 계획된 외부 유입이 어려운 항아리 상권 6,500세대 규모의 공공택지다. 상담자는 치과 개원 예정인 예비원장님이다. 이 지역 근린생활용지는 9개 필지로 구획 중이고 시행을 준비 중인 5개 필지 중에서 3개 필지에 치과 입점이 확정된 상황이다. 이 중 한 필지에 선임대 조건은 2층 전용 65평으로 보증금 1억 5,000만 원에 월세 750만 원으로 임대료를 면제

받는 렌트프리를 10개월 보장하는 조건이다.

과연 이 조건이면 선임대 조건은 적정한 것일까? 상가 분양 허가가 나기 전 상황으로 정확한 분양가는 미정이지만, 주변 부동산을 통해서 탐문한 결과 계약 면적 기준 1층은 평당 3,500~4,000만 원, 2층은 1,500만 원 선에서 결정될 것이라는 정보를 확인했다. 만약 실제 분양 허가가 나기 전 청약이라는 이름으로 계약이 진행되었다면 선분양, 선임대는 명백히 불법으로 법적 보장을 받기 어렵다.

이 사례를 가지고 만약 분양이 정상적으로 이루어진다고 가정하고 검토해보자. 수도권 신도시나 택지의 전용률은 약 50% 전후로 앞서 언급한 전용 65평을 위해서는 계약 면적은 130평이 되어야 한다. 그렇다면 분양가는 130평×1,500만 원＝19억 5,000만 원이 된다. 여기서 지역에 따라서 실제 계약 시 5% 정도 분양 할인을 받을 수 있다는 점을 감안하면 19억 5,000만 원×0.05＝9,750만 원을 할인받게 된다는 이야기로 즉, 19억 5,000만 원−9,750만 원＝18억 5,250만 원(실제 분양가)이 된다. 여기서 월 임대료 750만 원을 10개월 렌트프리한다는 이야기는 7,500만 원을 시행사에서 상가 투자자에게 지원한다는 이야기다.

사용승인 이후는 상가 투자자와 시행사가 렌트프리 기간을 나누어서 부담하는 게 일반적이지만 초기 분양 시점의 선임대료 렌트프리는 전적으로 시행사 부담이다.

렌트프리는 상권 활성화 기간 동안 상가 투자자 입장에서는 안정적인 임대료 확보도 있지만 엄밀하게 보면 이 금액을 할인해서 분양하겠다는 의미로 볼 수 있다. 그럼 앞서 18억 5,250만 원에서 7,500만 원을 다시 차감해야 한다. 18억 5,250만 원−7,500만 원＝17억 7,750

만 원이 실제 최종 분양가가 된다. 이 실제 최종 분양가에서 수익률 계산을 위해서는 임대보증금만큼 다시 차감한 금액을 기준으로 월 임대료로 해서 수익률을 계산해야 하다. 그렇게 되면 17억 7,750만 원－1억 5,000만 원＝16억 2,750만 원이 된다. 이 금액에서 장기적으로 월세 750만 원×12＝9,000만 원의 1년 임대료를 획득하려면 과연 투자자는 대출을 감안하지 않은 순수 투자 수익률이 어떻게 될까? 9,000만 원 / 16억 2,750만 원×100＝5.53%가 된다. 이 정도 투자 수익률이라면 상가 투자자 입장에서는 메디컬이라는 과목을 감안했을 때 굉장히 매력적인 투자다.

그렇다면 입주한 치과 원장님 입장에서는 어떨까? 5개 필지에서 3개가 치과 개원 예정이라면 나머지 4개 필지에서 2개 정도가 추가 개원했을 경우 항아리 상권에서 5개가 개원을 하게 된다. 항아리형 상권 공공택지 6,500세대에 5개 치과 개원이라면 소득 수준이 높지 않은 행복주택, 임대주택이 집중된 지역일 경우 항아리 상권으로 외부 유입 환자 숫자가 증가하지 않아서 몇 해 가지 않아 치과는 어려움에 봉착할 가능성이 높다. 여기에 선임대로 입주할 경우 상가 투자자 중심으로 수익률을 맞추다 보니 지나치게 높은 주변 시세로 높은 임대료를 지불하게 된다. 이 경우 메디컬의 속성상 일단 입주하면 쉽게 이전하기 어렵기 때문에 계약 갱신 시점에 자동 인상 조항이라도 넣어둔다면 임차인은 과도한 임대료를 지불해야 하고, 상가 투자자로서는 자칫 과도한 임대료로 인해서 임차인인 치과 원장님은 어느 시점에 이전에 대한 고민을 할 것이다. 이런 경우 대부분은 재계약 시점에 임대료가 올라가는 것이 아니라 하락한다.

마스터리스와 임대케어서비스

대형 상가가 늘어나면서 상가 분양 전략으로 상가 시행사가 임대케어서비스와 마스터리스를 통해서 공실 걱정 없이 임대를 책임지겠다는 곳이 있다. 임대케어서비스와 마스터리스 방식처럼 시행사에서 상가 투자자가 걱정하지 않도록 임차를 맞춰준다면 그만큼 매력적인 것도 없을 것이다.

임대케어서비스란 시행사와 분양사와는 별도 업체에 임대수탁 사업을 위임해 진행하게 되는 것으로 여기에 따라붙는 것이 임대관리 수탁업체에서 한 개 층이나 일부 공간을 임대 후 재임대하는 방식의 마스터리스라고 한다. 언뜻 보면 대형 임대관리 수탁업체가 임대를 맞추게 되므로 분명 빠르게 공실이 줄어들어 활성화에 도움이 될 것으로 생각하기 쉽다. 그런데 여기서 생각해봐야 할 것은 임대관리 수탁업체가 유치하는 업체들은 주로 집객력이 있는 국내 대형 프랜차이즈 업체나 SPA

브랜드들인데, 이들이 입주에 관심을 보이는 것은 상권 매력도 있지만 현실적으로 낮은 수수료와 임대료가 보장되어야 입주한다는 것이다.

물론 마스터리스 기간을 상권 활성화 기간 동안이라는 단서를 달지만 이 기간이 예상보다 긴 경우가 많다. 즉, 바꿔 말하면 상가 투자자들이 보유한 상가들의 임대료가 예상 수익률보다 현격히 낮아져야만 입주 예상 업체들이 계약을 할 것이라는 이야기다. 확정된 임대료 수준이 상당한 기간 현격히 낮다는 것을 인식한다면 상가 투자자는 임대케어서비스나 마스터리스 임대 방식에 동의하지 않을 것이다. 이런 문제 때문에 시행사는 상가 투자자에게 계약이나 중도금 시점에 임대보장을 하는 마스터리스 방식 임대를 위해서 신탁담보 계약을 요구한다. 신탁담보를 요구하는 것은 대형 면적이 필요한 입주 예상 업체와 임대 계약 시 각각 구분상가가 너무 많아서 계약이 어렵다는 점 때문에 임대 관리를 맺은 신탁사 한곳으로 계약을 일원화하기 위한 목적 때문이다. 그러나 이 신탁담보를 체결하게 되면 상가 투자자로서는 재산권에 대한 권리는 계약 기간 동안 신탁사에 넘어가고, 재산 처분 시 신탁사 동의를 얻어야 하는데, 신탁사에서는 마스터리스 기간 동안 유지되어야 하기 때문에 이에 동의할 가능성이 거의 없다.

또한 신탁사에 권리가 넘어가면 결국 임대케어서비스 주체가 시행사에서 신탁사로 넘어가서 시행 분양사에서 애초 약속했던 확정 임대료 제공의 주체도 애매하게 되는 점이 있다. 2019년 ○○신도시 △△상가에 대한 임대케어서비스와 마스터리스 분쟁에서도 1심은 상가 투자자가 승리했지만, 2심은 임대케어서비스에 대한 시행사의 법적 구속력이 없다고 봐서 상가 투자자가 패소했다.

임대케어서비스와 마스터리스 방식은 국내 고분양가 상가에서는 현실적으로 상가 투자자에게 안정적인 임대료나 수수료가 돌아갈 수 없는 구조다. 마스터리스 상가가 성공하기 위해서는 앞장에서의 설명과 같이 해당 상가를 시행사에서 보유하거나 상가 투자자에게 충분한 보상과 지원이 뒤따라야 한다. 또한 성공 가능성이 높은 상권은 집객력이 높은 도심지나 신도시의 경우 개방된 중심 상권에 위치해야 한다. 앞장에서 소개했던 마스터리스 사례인 합정역 딜라이트스퀘어의 경우, 시행사(신탁사)가 분양하지 않고 보유했던 부분이었기 때문에 계약이 자유로웠다는 점과 상권이 합정역에 위치해서 서울 지하철 2호선과 6호선의 환승으로 집객력이 충분했기 때문에 가능했다는 점을 기억할 필요가 있다.

다음은 상가에서의 일반적인 마스터리스 개념도이다.

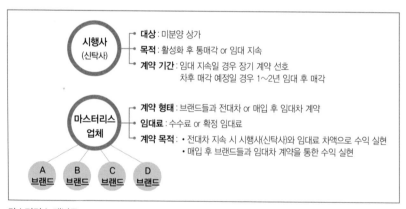

마스터리스 개념도

상가 출구전략은
항상 고민해야 한다

　상가 투자를 한 뒤 앞으로 어떻게 안정적으로 관리해나갈 것인지는 무엇보다 중요하다. 현재 높은 임대료를 받고 있는 상가를 보유하고 있는데도 출구전략을 고민해야 할까에 대해서 생각해보자. 이 경우 앞으로 안정적인 임대료가 계속 유지되거나 올라가고, 입점한 업종도 쉽게 이탈하지 않는다면 크게 문제될 것은 없다. 그렇지만 장기 보유를 목표로 하고 있는 상가에서 높은 임대료가 문제가 되는 경우는 크게 두 가지다.

　먼저, 상권 초기 임대료 인상을 주도하고 있는 업종이 집중되는 경우이다. 주로 신도시나 대규모 재개발, 재건축 단지에서 입주 초기 임대료를 주도하는 업종인 부동산 중개업소와 일부 상권 선점을 위해서 입주한 업종은 높은 임대료가 형성된다. 대표적인 사례가 2012년 세종시 한솔동 첫 마을 입주 시 상가 분양가는 전용 12~13평을 LH에서 입찰했을 때 낙찰율 200%가 넘지 않았고 한 칸당 분양가는 3억 원 전후였다. 이 분양가의 초기 임대료는 보증금 5,000만 원에 월세 500만 원 전후까지 치솟으면서 단기간 매매 시세도 2배 정도 이상에 거래가 이루어졌다.

여기서 세종시 한솔동의 초기 임대료를 주도한 것은 앞으로 개발에 대한 기대를 가지고 진입한 부동산 중개업소들이 임대료와 거래 시세를 끌어 올렸기 때문이다. 그러나 얼마 가지 않아서 종촌동, 아름동, 도담동 입주가 이루어지면서 상권이 이동하고 임대료는 급격히 하락했다. 이 경우 상가 보유자는 실제 매매가가 상승하고 임대료가 정점에 다다른 시점에 처분해야 하지만 더 높은 수익을 바라다 결국은 시기를 놓치게 된다.

서울도심의 송파 가락시영아파트를 재건축한 헬리오시티는 9,510세대가 입주했고, 강동구 상일동역 인근 고덕지구 주공아파트 재건축과 신규 시행 아파트는 2021년까지 약 15,000여 세대(2020년 6월 기준 약 12,000여 세대 입주)가 입주한다. 이 영향으로 상가 분양가가 천정부지로 치솟으면서 1층 10평 전후 넘는 상가가 초기에는 보증금 1억 원에 월 800만 원까지 초기에 형성되었다. 부동산 중개업소들이 초반 임대료를 주도했지만, 초기 입주했던 부동산 중개업소도 크게 수익을 기대하기 어렵게 되면서 급격히 빠지고 임대료는 조정 중이라고 한다. 이런 지역에 상가를 보유하거나 투자를 한다면 상권의 지속성에 대한 검토를 하지 않거나 배후세대 규모만 보고 높은 금액의 투자를 할 경우 아예 업종이 입주를 하더라도 수익성을 맞추기 어려울 수 있다.

선임대 상가의 계약 갱신 시점 임대료는 합당할까?

앞서에서도 선임대 상가에 대한 언급은 여러 번 했다. 적극적 의미의 선임대 상가는 임차인이 자발적으로 상권 선점을 위해서 준공 이전 유망 상가에 선임대 계약을 한다. 그러나 최근 사례는 시행 분양사에서 상가 분양 프로모션 전략으로 선임대 상가를 유치하게 된다. 시행 분양사의 선임대 상가는 상가의 분양 경쟁이 치열해지면서 선임대를 맞출 경우 분양에서 유리하고 상가 투자자 보호, 상권 활성화 측면에서 모두 유리한 것은 분명하다. 그러나 이 과정에서 선임대를 조건으로 렌트프리, 인테리어 지원 등 다양한 혜택도 있지만 임대료는 준공 이후 형성되는 가격과는 크게 차이가 나는 경우가 많다.

렌트프리와 인테리어 지원 등으로 인한 임대 계약은 일반적인 2년 단위가 아니라 5년 이상 장기 계약으로 이루어지는 경우가 많아서 준공 이후 현실 임대료가 하락하면 임차인은 임대료 조정을 요구한다.

임대 보장 2년과 수익률 7%를 내건 상가

앞서 사진의 사례를 선임대 사례로 이해하지만, 미분양 상가로 상가 투자자에게는 7%에 준하는 2년 동안의 임대료를 보장하겠다는 의미다. 이 경우 상가 투자자가 이해할 것은 앞으로 임대도 7%에 맞출 수 있다는 의미는 아니며, 분양가에서 2년 동안 7%에 대한 임대료만큼을 할인하겠다는 의미로 받아들이는 것이 좋다.

현명한 투자자라면 최종적으로 본인이 투자하거나, 은행 차입금을 기준으로 기대 수익률을 얼마로 할 것인지를 감안해 임대 수익을 수정하는 게 좋다. 만약 사용승인 전 선임대를 맞춘 상가에서 높은 임대료로 계약을 맺었다면 상가 투자자인 임대인은 중도 매각이 목적이 아니라 안정적인 월세 수입이 목표일 경우 임대료를 조정해 새롭게 계약에 임하는 적극성이 공급이 많은 상가 시장에서 살아남는 방법이다.

신축 상가 공실과 비활성화 원인은 무엇인가?

상가 투자자 중 많은 분들이 상가가 완공이 되고 장기간 활성화되지 못해 길게는 2~3년여 동안 공실이 지속되면 월세 수익보다는 당장 대출이자에서 벗어나기 위해서라도 해결 방안을 찾는 게 급하다. 이런 상권과 상가의 문제점을 극복하고 조금이라도 방법을 찾아보자는 의미에서 이번에는 상가 공실과 비활성화의 원인에 대해서 다시 한 번 정리를 하려고 한다.

고분양가에 따른 고임대료

2010년도 이후 수도권을 비롯한 신도시 상가 문제 중 가장 컸던 것이 상가용지의 입찰 경쟁으로 낙찰가가 높아지면서 이것이 상가 분양가를 끌어올렸고, 이 분양가는 다시 임대료를 끌어올렸다는 것이다. 높은 임대료로 인해서 입주해서 장사를 해야 할 임차인인 소상공인 대부분이 입주를 포기함으로써 공실률은 더욱 높아지게 되었다.

상가 수요와 공급의 불일치

신도시마다 과도하게 공급된 상가 부지는 수요를 초과해 상권마다 공실률을 높이는 핵심적인 이유가 되었다.

배후세대가 입주하지 않은 지역의 상가 공급

상가를 소비할 아파트 배후세대가 입주하지 않거나 미시행하는 상황에서 상가들이 미리 공급될 경우 배후세대 부족 문제로 인해서 상가의 입주가 이루어지지 않고 있다.

분양만을 목적으로 한 상가

상가 공실 원인에는 상가 완공 이후 활용을 염두에 두지 않고 분양만을 목적으로 1개 구분상가 분양가를 낮추는 데만 신경을 쓰다 보니 너무 작은 면적을 남발해 상가 활용성을 떨어뜨린 것이 자리한다. 이것은

1개 구분상가의 분양가를 낮출 수는 있지만 지나치게 작은 면적으로 분할해 입주할 임차인을 찾는 것을 어렵게 만들었다.

도시 계획상의 상가 배치 문제

도시 계획을 하면서 토지를 용도별로 나누면서 배치가 적절치 않은 경우다. 신도시의 경우 단지 내 상가, 근린생활시설, 준주거 지역, 상업 지역으로 상가 지역이 나누어지고, 여기에 이주자택지라는 상가겸용주택이나 자족시설 내에 상가들이 배치된다. 이때 분양가, 이주 시점 문제 등으로 인해서 지나치게 상가 간 거리가 가까울 경우, 집객력을 갖춘 상권으로 동선이 몰리게 되면 한쪽 상가는 활성화되고, 또 다른 방향은 비활성화되어 공실률이 높아지게 된다.

MD 구성의 부적절성과 관리 문제

시행 분양사가 계획했던 MD 구성이 예상대로 입주가 되지 않는 경우다. 대형 상가일수록 MD 구성의 어려움을 겪게 되는데, 이것은 도시 지역 상업 지역에서는 상가 간 임대 유치 경쟁이 치열해지기 때문이다. 분양 상가가 대형일수록 입주 업체 찾기도 어렵고, 체계적인 관리 문제로 인해서 활성화에는 오히려 부정적으로 작용하는 경우가 많다. 많은 상가 투자자들 중에는 경매 등으로 취득할 경우 단순히 싸다고 매입해서 적합 업종을 찾지 못하고 어려움을 겪는 것도 상가 MD에 대한 고민을 하지 않기 때문이다.

상가 동선에 대한 착오

상가 분양의 경우 상가 준공 이후가 아니라 시행 시작 시점에서 투자가 이루어지다 보니 주변 지역도 대부분 개발 지역이어서 도시가 완성된 뒤 동선을 판단하기가 쉽지 않다. 실제 상가 공실의 상당수는 배후 고객들의 진출입 동선 착오에 의해서 상권 전체뿐만 아니라 각 호실별 명암이 갈리는 사례가 많이 발생한다.

지방 혁신도시, 도청신도시의
상권 활성화는 언제쯤?

 지방 혁신도시와 도청신도시 사업은 지방분권과 균형발전을 명분으로 시작된 사업이다. 혁신도시는 부산, 대구, 광주·전남, 울산, 강원, 충북, 전북, 경북, 강남, 제주 등 전국 10개 전략 거점 지역에 공공기관 이전과 전략산업을 육성해 수도권 집중을 억제하고 지방분권을 강화하겠다는 사업이다. 이에 비해서 도청신도시는 기존 광역시에 위치한 도청을 관할 광역도가 위치한 지역으로 이전해 신도시를 조성하는 사업으로 전남도청이 이전한 남악신도시, 충남도청이 이전한 내포신도시, 경북도청이 이전한 경북도청신도시가 이에 해당된다. 이 중 도청신도시중 남악신도시는 이전 사업이 벌써 15년이 넘어가서 영암, 목포, 광주의 주요 기능이 이전하고 주거지역도 안정화 단계로 접어들었지만, 내포신도시나 경북도청신도시는 대부분 공공기관이 이전을 하고 아파트 입주가 지속되면서 좋아졌다고 하지만 아직은 상권 활성화까지 시간이 더 필요하다.

비슷한 시기에 사업이 시작된 10개 혁신도시의 경우, 대도시와 인접한 지역에 위치한 혁신도시의 경우 인접 도시 주민들과 공공기관 종사자들의 이주로 빠르게 안정화를 찾고 있지만, 시 지역과 지나치게 거리가 먼 지역이나 인구 규모가 20만 명이 넘지 않는 지역의 경우 안정화는 더디기만 하다. 그렇다면 상권 안정화가 느린 혁신도시나 도청신도시의 경우 어떤 공통적인 문제점을 안고 있고, 안정화를 위해서 무엇이 필요할지 정리해보았다.

과연, 상권은 시간이 가면 좋아질까?

혁신도시나 도청신도시의 경우 개발계획을 세울 때 5년, 10년의 장기 계획을 세운다. 이 경우 인접 도시 영향을 받기 어려운 지역의 개발과 인구 유입은 그만큼 느릴 수밖에 없다. 계획은 있지만 실행에 문제가 있는 사업들이 많을수록 도시 활성화는 느릴 수밖에 없다.

기관만 입주하면 인구가 늘어날까?

혁신도시, 도청신도시의 경우 공공기관이 핵심이지만, 일선 민원 부서가 아니라 감독 기능을 수행하는 곳이 대부분이다. 실제 건물 규모는 크지만 기관 근무자가 100~200명에 그칠 경우 실제 공공기관으로 인한 상권 유발 효과는 크지 않다.

주민등록 인구, 실재거주 인구는 다르다

상권 초기에 인구통계에 의한 주민등록 인구가 있지만 1인 이주, 주말 공동화로 정주 목표를 가진 실재거주 인구와 주민등록 인구의 괴리감이 크다. 인구 증가 시점을 보면 아파트 입주 시기에만 인구가 늘어나는데, 이 경우 건설회사는 토지 사용승인이 난후 1~2년 안에 건설해야 한다는 특례조항이 없다면 시행사마다 부동산 경기를 이유로 공사가 늦어져서 입주가 늦어지면 인구 증가는 그만큼 늦어진다.

초기 유입 인구는 누구인가?

도시에 여러 이해관계 사업이 있다면 인구가 대폭 증가하지만, 초기 유입 인구는 실질적으로 인접 도시에서 유입되는 인구다. 따라서 이 경우 신도시는 베드타운 역할을 하고, 경제 활동은 인접 도시에서 이루어져서 신도시 상권에 크게 기여하지 못하는 경우도 많다. 반대로 구도심의 인구 이동으로 인한 구도심 상권 침체를 불러오기도 한다.

과다한 상가용지

신도시 모두의 공통적인 문제지만, 혁신도시와 도청신도시의 경우 초기 유입 인구가 크지 않은 상태에서 상가용지를 동시에 과다 공급할 경우 상권 형성에 악영향을 준다.

인접 도시와의 상관성

입주 상인들은 임대료 기준을 상가 분양가를 기준으로 하는 것이 아니라 인접 도시의 구도심 중심 상권의 평균 임대료를 기준으로 한다.

이때 혁신도시와 도청신도시 대부분이 지방 중소도시에 인접하게 위치해서 인접 도시와의 임대료 격차가 수도권 신도시보다 크다. 따라서 체감 임대료의 격차로 인해 입주를 망설이는 원인이 된다.

상권이 활성화될수록 인접 도시 상권은 침체된다

앞서 언급한대로 초기 유입 인구의 절대 다수는 인접 도시의 경제력을 갖춘 층으로 이들이 유입될수록 구도심 침체를 불러온다. 대표적인 도시가 입주 15년이 넘어가는 전남 무안의 남악신도시로 남악신도시 상권이 활성화되면서 목포 구도심 상권이 침체되었다. 뿐만 아니라 전주의 경우 구도심 상권이 침체하게 된 것이 서부신시가지와 혁신도시 상권의 입주가 본격 시작되는 시점이었다.

공공기관 앞보다는 아파트 앞이 상권 형성 지역이다

혁신도시와 도청신도시를 막론하고 상가 투자를 하거나 임대를 해 창업을 한다면 어디를 선택해야 할까? 어떤 경우에도 상권 형성 초기는 가족세대가 입주하고, 인접하게 초등학교가 배치된 아파트 앞 근린생활 상권이 절대적으로 유리하다. 공공기관 앞은 상업 업무가 용도지역이지만, 앞서 언급했듯이 제한된 근무자 숫자로 상권 형성이 제한적이다. 상권 형성이 되더라도 공공기관 입주와 주거 지역 입주가 50% 이상 완성된 시점부터 상업 지역으로 상권이 형성되기 시작한다. 일반 상가 투자자나 창업자라면 이 기간까지 버티기 어려운 게 일반적이다.

미 시행 상가용지 출구전략은?

지방 혁신도시 계획인구는 차이가 있지만 보통 3만~5만 명 전후로 도청신도시의 경우 인구 10만 명을 목표로 하고 있다. 인구 규모로 보면 혁신도시의 경우 수도권 주거 지역의 1~2개 행정동 규모이고, 도청신도시의 경우 수도권 신도시 하나 정도의 규모다. 두 지역 모두 상권 형성에 충분한 규모를 갖추고 있지만, 중요한 것은 이들 인구가 한꺼번에 입주하지 않기 때문에 상권 형성이 늦어진다는 것이다.

지방 혁신도시와 행정도시 상권에서 시행, 분양할 계획이라면 아파트에 인접한 근린상가 부지를 선택하고, 경쟁부지보다 먼저 시행해서 준공한다면 분양, 임대 상가 활성화 모두 성공할 가능성이 높다. 그러나 선점 시기를 놓치면 시행을 하더라도 분양과 임대 모두 힘들어지고, 상가가 활성화되지 않는다. 시행사뿐만 아니라 상가 투자자나 임차인들 또한 아파트에 인접하면서 가장 빠르게 입주한 상가를 선택할 경우 성공 가능성이 높다.

혁신도시의 경우 공공기관이 이전하고 자족 기능이 어느 정도 진입을 하더라도 수도권에 집중되었던 기관 종사자들의 이주까지는 장시간을 요구하기 때문에 먼저 입주된 상가 이외에는 상권 형성이 어렵다. 인구 규모가 큰 도청신도시의 경우에도 비교적 이주 거리가 짧은 반면 도시 개발은 20년 이상 장시간을 두고 개발이 진행되기도 한다. 이 경우 상가용지를 보유하고 있다면 개발 시행 후 분양이나 임대를 한다는 것은 현실적으로 어렵고, 가능한 방법은 임차인을 먼저 찾는 방법이다. 상가용지를 장기 보유하겠다면 가장 현실적인 방안으로 도시가 완성되기 전 용지가 필요한 업체에게 장기 임대하는 방법이다. 특히 입주가 진행되는 아파트 인근 상업용지나, 근린생활용지로 전면 4차선 이상 이동 도로를 접하고 있다면 용지를 필요로 하는 업체들이 있는데, 주요 업체들은 다음과 같다.

유통사 중형급 마트 부지

200평 이상 부지 면적이 크고 진출입이 용이할수록 수요가 있다.

생활용품 할인점

대표적인 업체가 다이소다. 지방 신도시의 경우 다이소는 단독 건물로 주차장이 가능한 부지를 선호한다. 경북도청신도시는 경북 안동과 예천 2개 도시에 걸쳐 있는 지역이지만, 아파트 인근 근린상가를 제외한 중심 상권은 활성화까지 상당한 시간이 걸릴 것으로 예상된다. 2018년 상권 조사 때 확인했던 사항으로 다이소 도청신도시점이 위치한 입지는 도청신도시 메인 동서 연결도로인 수변로에 위치하고, 우측으로 예천 농협 하나로마트와 좌측으로 배달피자의 강자 도미노피자가입점해 있어서 도시 지역 주민들의 접근에 용이하다. 서로 간의 세부적인 계약 만족도는 알 수 없으나 장기 임대차 기간만을 놓고 보면, 상권활성화 기간이 고려된 계약으로 보인다.

직영 중심 F&B(식음료) 업체

유입 인구 규모가 크고 인접 지역의 개발 가능성이 높을 경우 드라이브스루(커피, 패스트푸드 업체) 등에서 필요로 한다. 주로 이들 업체는 아직은 지방 혁신도시나 도청신도시보다는 수도권 신도시나 개발 지역 인근을 선호하지만 충분히 참고할 만하다. 대표적인 업체가 스타벅스, 버거킹, 맥도날드 등 직영 중심 업체로 도시 지역의 재개발 지역이나 신도시 개발 초입에 진입할 때 장기 계약을 선호하고, 역시 15년 이상 장기 계약을 선호한다.

김포 스타벅스 감정DT점이 위치한 지역은 김포 한강신도시와 구도심 중간 지역으로, 아직 개발이 완전히 진행된 지역은 아니지만, 향후 검단신도시가 개발될 경우 진입로 초입에 위치한 상권이다. 이곳 주변에는 LG와 삼성의 양판점이 있고 인접한 북변삼거리에 자동차 영업소들이 입주한 것도 상권의 장기적인 관점에서 진입한 것이다. 각 업체들의 선제적인 투자 안목이 돋보이는 사례로 부지 매입을 한 곳이나 오랫동안 활용 방향을 찾지 못한 토지주라면 미래 도시 개발의 관점에서 장기 입점을 할 업체들을 찾아보는 것도 좋을 듯하다.

기타 필요업체

지역 특수성에 따라서 도시 내 토지가 필요한 업체가 있을 수 있는데, 이것은 지역부동산과 상의하는 것이 가장 빠르다.

공실 상가의 출구전략은
빠를수록 좋다

　장기 공실 상태인 수도권 신도시의 주상복합 구분상가를 소유한 분에게 상권 조사를 의뢰받아서 진행했던 적이 있다. 누구나 마찬가지겠지만 1~2년 공실이 지속되고, 대출이자만 내고 있더라도 아직은 본인이 투자해서 보유한 상가가 최고라고 생각한다. 그러나 상가 공실 해소와 활성화 방법 찾기는 정확한 문제인식에서 출발한다. 어떤 문제 인식을 가지고 해결 방안을 찾느냐가 중요하다는 이야기다.

무엇이 문제인가?

- 주변 시세에 비해서 분양가와 임대료는 적절한가?
- 동일 상권 내 공실률은 얼마나 되는가?
- 도시 계획인구는 순조롭게 유입되고 있는가?

- 도로, 공공기관 등의 기본 인프라와 자족 기능, 유통 시설, 집객 시설 계획과 진행은 순조로운가?
- 상권의 동선 흐름은 유지되고 있는가?
- 상가 자체에는 문제가 없는가?(적절한 시기 준공되었는가? 전략업종 유치는?)
- 인접 상권과 상가와의 경쟁력은 어떤가?
- 기타 주변 환경 변화로 인한 요소는 없는가?

앞으로 미래 상권의 전망은 어떤가?

도시 상권의 이해관계인들의 의견을 들어보는 것도 필요한데, 대표적인 분들이 지역 내 부동산 중개업소 사장님이다. 도시의 모든 데이터가 상권을 반영한다고 생각하지만, 지난해 말 상권 조사를 수행했던 ○○신도시의 경우, 지난해 12월 기준으로 인구 9만 명이 입주했고, 상가들도 충분히 공급되었지만, 지역의 부동산 중개업소 사장님들은 상가 과잉 공급과 높은 임대료로 인해서 선뜻 상가 추천을 하는 것을 망설이는 분들이 많았다. 이것은 배후세대는 충분히 형성되었지만, 지역 내 경기 불확실성으로 그만큼 부정적으로 보고 있다는 이야기다. 결국 이 상권 진입을 포기했다. 이렇듯 상권에 따라서 부동산 중개업소의 부정적인 의견이 있는 경우도 있지만, 지역 내 상권에 대한 흐름을 정확히 알고 있는 분들이기 때문에 이분들의 의견을 들어보는 것은 무엇보다 필요하다.

해결 방안은 있는가?

- 임차의 방법 : 과연 임대료는 얼마면 적당하고, 임차인 지원 방법(렌트프리, 시설비 지원 등)에는 무엇이 있을까?
- 직접 운영의 방법 : 선택 업종에 대한 이해
  - 내가 운영할 능력이 있는가?
  - 상권, 입지에 적합한 아이템인가?
  - 수익성이 있는 아이템인가?
- 매각의 방법 : 적정 가격은?
  - 어떻게 매각할 것인가?

욕심을 버리고 소통한다

상가 활성화를 찾아가는 과정에서 상권의 이해관계인들과의 소통은 필수다. 특히 신도시의 경우, 대형 상가들이 많은 상황에서 공실인 같은 상가 내의 구분상가 투자자들이 모여서 상가 활성화 방안에 대해서 소통할 필요가 있다. 대형 상가의 경우 서로 욕심을 내거나 단독으로 방법을 찾다보면 더욱 어려워진다.

상가 관리단 구성

경우에 따라서 전체 상가 혹은 부분을 합쳐서 적극적으로 임차인을 알아보기 위해서 이해관계를 조율할 수 있는 상가 관리단을 구성할 필요가 있다. 종합하면 상가가 공실인 상태로 장기간 방치되고, 투자한 지역 내 상권이 좀처럼 활성화되지 않는다면 개별 투자자이든, 전체 상가의 모임이든 정확한 상권 조사를 토대로 빠른 해결책을 선택하는 게 좋다. 상가 출구전략은 늦으면 늦을수록 손해가 커지기 때문이다.

인생 2막을 위한 상가 투자와 창업

제1판 1쇄 | 2020년 9월 21일
제1판 2쇄 | 2022년 4월 15일

지은이 | 박균우
펴낸이 | 유근석
펴낸곳 | 한국경제신문 *i*
기획 · 제작 | ㈜두드림미디어
책임편집 | 우민정   디자인 | 노경녀 n1004n@hanmail.net

주소 | 서울특별시 중구 청파로 463
기획출판팀 | 02-333-3577(원고 투고 및 출판 관련 문의)
E-mail | dodreamedia@naver.com
등록 | 제 2-315(1967. 5. 15)

ISBN   978-89-475-4630-0 (03320)

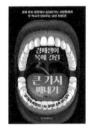